Benno Stieber

Roland Mack

Benno Stieber

Roland Mack

Herr der Achterbahnen

HERDER

FREIBURG · BASEL · WIEN

MIX
Papier aus verantwortungsvollen Quellen
FSC® C014496
FSC
www.fsc.org

www.herder.de

Sämtliche Fotos stammen aus dem Privatbesitz der Familie Mack oder aus dem Besitz des Europa-Park

Satz: post scriptum, Emmendingen/Hinterzarten
Herstellung: GGP Media GmbH, Pößneck

Printed in Germany
ISBN 978-3-451-30752-2

Inhalt

1.
Park der Träume

Zirkus Macksimus

Ein alter Märchenpark, Alleen mit alten Bäumen, eine rotfunkelnde *Westerneisenbahn*, ein Schaufelraddampfer, dazu ein Minigolfplatz und eine Piste mit kleinen, knatternden Rennautos, die man steuern konnte. Ich muss vier oder fünf gewesen sein, als wir das erste Mal den Europa-Park besuchten. Es war also ganz am Anfang. Von da an waren wir, wie viele andere Familien aus der Region, jedes Jahr mindestens einmal dort. Immer waren wir gespannt, was es nun wieder Neues gab. Die Zeitung hatte vorher über die *Wildwasserbahn*, das neue italienische Stadtviertel, die unglaubliche Illusionsshow eines international bekannten Magiers im Barocktheater berichtet. Der Europa-Park war damals für mich, wie für viele andere, der Park meiner Träume. Den Raddampfer lenken und dabei die Kapitänsmütze tragen, von Delfinen in einem Schlauchboot durch das Bassin gezogen werden, sind Erlebnisse, die zu meiner Kindheit gehören wie der erste Fußball, die Höhlen und Hütten im Wald oder zum ersten Mal allein im Zelt übernachten.

Im Park in Rust durfte ich auf der Freilichtbühne bei einer Hundedressur assistieren. Der Hund folgte meinen Anweisungen nicht, vielmehr machte er, was er wollte, und ich musste ihm mit meinen Kommandos folgen. Da erkannte ich zum ersten Mal, dass das Showgeschäft mit vielen kleinen Tricks arbeitet. Hier sah ich mein erstes echtes Varietéprogramm, das man sonst nur an Silvester in einem der beiden Fernsehsender geboten bekam, und war als Halbwüchsiger beeindruckt von den knappen Trikots der Damen des Maxim-Showballetts.

Las Vegas in der Rheinebene? Zerstreuung statt Kultur? Meine Familie war angenehm undogmatisch bei der Frage, ob das nun alles nur Konsumismus und sinnlose Zerstreuung sei oder tatsächlich kulturell wertvoll. Meine Eltern hatten ein Kammerkonzert-Abonnement, bei uns lief während des Sonntagsfrühstücks klassische Musik, Bücher hatten einen hohen Stellenwert. Aber ebenso selbstverständlich besuchten wir gemeinsam ein, zwei Mal im Jahr begeistert den Park, lachten über die Papageien-Show und mampften genüsslich Zuckerwatte. Das war damals nicht unbedingt in allen Familien üblich. Viele Bildungsbürger und vor allem die Lehrer unserer Schule rümpfen die Nase über so viel Kommerz und reinen Eskapismus.

Trotzdem wuchs der Park von Saison zu Saison und ich wuchs mit. Im Studium verlor ich die Entwicklung in Rust aus den Augen. Und als ich zehn Jahr später wieder dort war, hatte sich der beschauliche Park in ein Unterhaltungsimperium verwandelt mit Hotels und einer schier unüberschaubaren Zahl an Attraktionen.

Dass das alles das Werk einer Familie war, die aus dem gleichen Städtchen stammt, in dem auch ich groß geworden bin, wusste ich natürlich seit Langem. Das Firmengelände der Macks in Waldkirch, am Ufer der Elz, war für uns Kinder ein mystischer Ort. Dort wuchsen die Achterbahnen und Autoscooter Stück für Stück auf dem Werkshof. Und ich kann mich daran erinnern, dass wir einmal mehrere Nachmittage vor dem Firmengelände bei Regen und Wind herumlungerten, weil irgendjemand von seinem Vater gehört hatte, dass früher die Kinder die Achterbahnen und Autoscooter vor der Auslieferung probefahren durften. Das war natürlich eine vergebliche Hoffnung.

Man kannte in der Stadt die Geschichte von den skeptischen Waldkircher Geschäftsleuten, die nicht in den Ruster Freizeitpark investieren wollten und sich Jahre später darüber ärgerten. Zusammen mit seinem Vater, der lange noch in seinem Haus hinter dem Waldkircher Betrieb wohnte, hatte Roland Mack diesen Park aufgebaut. Heute kann man mit einigem Recht sagen, der Europa-Park ist die Welt und das Werk von Roland Mack.

»Kunst ist eine schöne Sache, macht aber eine Menge Arbeit«, hat Karl Valentin einmal gesagt. Das gilt auch für die Unterhaltungskunst. Doch darüber macht man sich als Kind keine Gedanken, und es ist das Geheimnis des kleinen Zirkus ebenso wie das eines großen Unterhaltungsunternehmens wie dem Europa-Park, das Schwere besonders leicht aussehen zu lassen.

Die Deutschen haben Schwierigkeiten mit emotionalen Produkten. Selbst beim Kauf eines Autos, das auch heute häufig mehr mit Lust als allein mit Verstand gekauft wird, wird eher auf technische Perfektion, Sicherheit und die Sinnhaftigkeit gesetzt, während man in den USA schon in den 90er-Jahren selbst den neuen Golf – nun wirklich ein Vernunftauto – schlicht mit dem deutschen Wort »Fahrvergnügen« an den Mann brachte.

Ähnlich unterschiedlich ist das Verhältnis der Deutschen und der US-Amerikaner zur Unterhaltungsindustrie. Zwar strömen auch in Deutschland jährlich Millionen Menschen in Freizeitparks. Zwar ist die Unterhaltungsindustrie auch hierzulande zu einem echten Wirtschaftsfaktor geworden und ragt heute in fast alle Bereiche des Lebens. Aber ein Freizeitpark wird von vielen noch immer mit Jahrmarkt, Tingeltangel und Kommerz gleichgesetzt, während sich in den USA auch Bildungsbürger nicht schämen, einen unbeschwerten Tag in Disneyland zu verbringen.

Roland Mack hat unter dieser Stimmung immer gelitten und um die Anerkennung seiner Branche, wie auch der Schausteller, gekämpft. Heute ist der Europa-Park ein hochmodernes Unternehmen mit komplexen Abläufen, das sich mit seinen Attraktionen, Showprogrammen, der Gastronomie und Hotellerie mit Konkurrenten aus aller Welt messen kann. Längst ist er mit seinen über 3.500 Angestellten und Saisonkräften der größte Arbeitgeber der Region, die Hälfte der Mitarbeiter kommt aus dem nahe gelegen Elsass. Er ist ein Unterhaltungszentrum, das inzwischen nach ganz Europa ausstrahlt. Mit Jugendcamps und seinen vielen Möglichkeiten für Konferenzen und Tagungen ist er auch zur gesellschaftlichen Begegnungsstätte geworden – und wenn man nicht gerade Avantgarde erwartet –, auch zur Heimat von Kultur. Roland Mack und seiner Frau Marianne fühlen sich ihrem christlichen Glauben verpflichtet, deshalb ist es ihnen wichtig, dass der Park nicht ausschließlich zur Zerstreuung der Menschen da ist. Er soll auch Sinn stiften.

Aber da sind wir schon wieder beim Rationalisieren. Anerkennung findet eine Leistung, deren Schweiß noch nicht getrocknet ist, deren Denkleistung man messen kann. So haben die Macks, eine Handwerkerfamilie mit einem über 230 Jahre alten Betrieb, selbst immer gedacht. Seit Generationen sind sie Handwerker und Konstrukteure, also gerade nicht die geborenen Entertainer. Roland Mack, groß geworden im heimischen Karussell- und Wagenbau, gelernter Schweißer und studierter Ingenieur, hat sich das Showgeschäft als erster in der Familie angeeignet – dann aber zur Perfektion getrieben.

Er ist der Erste in der Familie, der Unterhaltung und Freude, die der Park den Menschen bereiten möchte, auch tatsächlich verkörpert. Er ist begeistert von seinem Produkt, ganz wie ein Zauberer nur dann wirklich überzeugend ist, wenn er auch selbst ein wenig daran glaubt, Wunder vollbringen zu können. Das sieht man Roland Mack an, wenn er sich mit Begeisterung in einer Achterbahn durch einen Looping schießen lässt oder wenn er in der ersten Reihe der neuen Revue seine Artisten und Clowns beklatscht. Roland Mack liebt die Bühne, die er sich mit dem Park geschaffen hat, und bespielt sie mit Leidenschaft.

Menschen die sich begeistern können, können auch andere begeistern. Roland Mack ist eins geworden mit seinem Park, so kann man in diesem Gesamtkunstwerk Geschäftssinn und Leidenschaft, Managerkalkül und eigenen Geschmack nur noch schwer auseinanderhalten.

Natürlich haben für diesen Erfolg viele Köpfe geraucht, nie allein nur der von Roland Mack. Zuerst ist da Franz Mack zu nennen, der Vater, der die Idee und den unternehmerischen Mut mitgebracht hat. Als Chef eines erfolgreichen Familienbetriebs hat er noch einmal von vorne angefangen und einen Park gegründet, als dieses Gewerbe in Deutschland noch beinahe unbekannt war. Dann ist da Ulrich Damrau, der Theater- und Filmarchitekt, der dem Park mit seinen Bauten in allen möglichen Stilen Europas den unverwechselbaren Charakter verliehen hat. Da ist Jürgen Mack, der Bruder, so etwas wie der Innenminister, der 13 Jahre nach Roland in das Unternehmen kam, den Europa-Park mit geformt hat und mit einem Ohr stets bei den Mitarbeitern ist. Auch Marianne Mack, Rolands Frau, gehört dazu, die vom ersten Tag im Park gearbeitet und daheim die Familie umsorgt hat. Mittlerweile ist da ein ganzer Stab an Kreativen und Profis im Unternehmen, die in ihrem Bereich den Park nach vorne gebracht haben. Und heute steht natürlich die nächste Generation bereit, die ihre Spuren im Park hinterlässt.

Doch Roland Mack hält die Fäden in der Hand und führt das alles zusammen. Er ist die Person, von der bis heute viele wesentliche Impulse kommen. Keiner kennt den Park so gut, hat ihn von der Eröffnung bis zum heutigen Tag so geprägt. Es gibt da dieses Foto von der Eröffnung. Da klemmt sich ein groß gewachsener, etwas schlaksiger Diplom-Ingenieur mit dunklem Schnurrbart und korrekt gezogenem Scheitel, im grauen Anzug, etwas ungelenk hinter den Steuerknüppel der *Westerneisenbahn*. Das war 1975. Heute steht da ein strahlender Mann, der seinen Geburtstag zwischen Hubert Burda und Sabine Christiansen feiert. Einer, der mit übergeschlagenem Bein lässig vor Branchengrößen genauso reden kann wie er im Hörsaal junge Studenten von seiner Welt zwischen Technik und Entertainment begeistert. Er ist mit seinem Betrieb gewachsen. Man nennt solche Unternehmer gerne bodenständig, was stimmt, denn was bleibt einem wie Mack anderes übrig. Wie ein Gastronom an sein Wirtshaus, ein Landwirt an seinen Acker, so ist Roland Mack an seinen Park gebunden. Er kann, anders als andere Unternehmer, die Werkhallen und Entwicklungszentren nicht mal eben ins Ausland verlegen. Die Menschen müssen zu ihm in den Park kommen. Damit das geschieht, hat der Firmenchef unermüdlich investiert, gebaut, entwickelt, sich mit der Konkurrenz verglichen, sie nachgeahmt und an vielen Stellen übertroffen. Ein kleines Fürstentum ist da entstanden, in dem am Ende eine Stimme zählt. Die von Roland Mack.

Man kann den Park als unheimlich erfolgreichen Mischkonzern betrachten, der viele verschiedene Branchen, wie Hotellerie, Gastronomie, Technik, Logistik, Showbusiness, gut geölt miteinander verzahnt und die Menschen hochprofessionell unterhält. Oder man kann den Europa-Park sehen, wie ihn Roland Mack offenbar nach all den Jahren immer noch betrachten kann: durch die Augen der Besucher, als eine glitzernde Welt, verschwenderisch, luxuriös, überraschend und ein bisschen geheimnisvoll.

Über 600 Millionen Euro wurden seit der Gründung investiert. Rund einhundert Millionen Besucher hat der Europa-Park seitdem empfangen, mehrere hunderttausend Übernachtungen im Jahr verkraften die fünf Hotels. Der Umsatz wird auf 300 Millionen jährlich geschätzt, genauere Zahlen gibt die Familie nicht bekannt. Das Unternehmen kann seit Jahren viele Investitionen zum Erhalt und Ausbau des Parks aus dem laufenden Geschäft und den Rücklagen finanzieren.

Der Park kennt keine Krise. Wenn man mit Roland Mack im Golfcar durch den Park fährt, bekommt man den Eindruck, dass er sich selbst wie den Besuchern die beste aller möglichen Welten geschaffen hat. Trotzdem lässt er nicht nach, er treibt die Mitarbeiter, durchaus auch mit rauem Ton, zu immer neuen Höchstleistungen an.

Was treibt diesen Mann an? Wenn die Scheinwerfer hell leuchten, sagt er, es sei die Begeisterung für das Produkt, auch für Erfolg und Anerkennung. Die ist ihm wichtig, die kann er auch sehr genießen. In nachdenklicheren Momenten spricht Roland Mack dann davon, dass auch Angst dabei sei. Die Angst, dass es mit dem schier nicht endenden Erfolg, den immer neuen Besucherrekorden und den Auszeichnungen dann doch eines Tages vorbei sein könnte. Es könnte einer kommen und erfolgreicher sein, das Freizeitverhalten der Menschen könnte sich ändern und plötzlich hat keiner mehr Lust auf Freizeitparks.

Als Ende der 90er-Jahre das Internet nicht mehr nur ein Spielzeug für Eingeweihte war und die Wohnstuben eroberte, da habe er Sorge gehabt, die Menschen könnten sich vom Park und seinen Attraktionen abwenden und ihr Heil in virtuellen Welten suchen. Es war die Zeit, in der Mack die großen Hotels baute und sich der Europa-Park aufmachte, nicht mehr bloß Ausflugsziel zu sein, sondern zu einer Freizeitdestination zu werden. Letztlich erwies sich diese Sorge als unbegründet. Die Menschen suchen weiter das kontrollierte Abenteuer und lassen sich heute mehr denn je in reale Kunstwelten entführen, die Besucherzahlen steigen seit Jahren.

Obwohl europaweit bei den Größten und Besten und in Deutschland längst unangefochten an der Spitze, vergleicht Roland Mack seinen Park noch immer rastlos mit der Konkurrenz. Bei jedem Telefonat mit den wenigen verbliebenen Kollegen von anderen gründergeführten Freizeitparks vergisst er nie, sich nach Erfolgen und geplanten Attraktionen zu erkundigen. Immer wieder kontrolliert er die Auslastung seiner Hotels und lässt sich nachmittags die Tageszahlen geben. Roland Mack kann sich auf Erfolgen nicht ausruhen. Der Erfolg müsse jeden Tag wieder neu verdient werden, sagt er. Das predigt er seinen Mitarbeitern und das treibt ihn jeden Morgen, egal wie lang der Abend vorher gewesen ist, an den Schreibtisch oder an eine der Baustellen im Park.

»Wer feste feiern kann, kann auch feste arbeiten.« Das ist einer der geflügelten Aussprüche, die »der Vadder«, also

Franz Mack, hinterlassen hat. Es ist die Arbeitsethik eines mittelständischen Unternehmers und der Kampfgeist der Schausteller, die die Macks da vereinen.

Das Leben von Roland Mack ist eine Pioniergeschichte. Eine, die davon handelt, über sich selbst hinauszuwachsen, seine eigenen Grenzen und Beschränkungen zu überwinden. Eine Geschichte von Landnahme, wie es sie heute nur noch höchst selten gibt.

Der Erfolg hat seinen Preis. Härte gegen sich selbst und oft genug gegen andere, davon kann jeder Unternehmer erzählen. Aber hier stehen diese unternehmerischen Tugenden Fleiß, Disziplin und Realitätssinn in einem besonderen Gegensatz zum eigenen Produkt, das träumerisch und leicht daher kommen muss, damit es die Besucher in seinen Bann zieht. Wer hinter die Kulissen schaut und darüber berichtet, wie viel Mühe hinter dem scheinbar Leichten steckt, der gerät in den Verdacht, der Spielverderber zu sein, der den Trick des Magiers verrät.

Mikrokosmos Park

Es ist kurz vor neun. Nach den Schauern in der Nacht und einem letzten Regenguss vor ein paar Stunden steht die Sonne jetzt strahlend am Himmel, als wüsste auch sie, was man im Europa-Park von ihr erwartet. Schon seit einer Stunde drängen sich die ersten paar Hundert Besucher am schwarzen Metallgitter in der Deutschen Allee. An der Kasse waren sie die Ersten, jetzt wollen sie auch als Erster mit den Achterbahnen *blue fire*, *Silver Star* oder *Eurosat* fahren, die *Schweizer Bobbahn* wird auf dem Weg auch noch rasch mitgenommen.

Punkt neun. Miro Gronau dreht den Schlüssel herum, »bitte kurz zurückzutreten«, dann öffnet er mit einem Schwung das Tor. Die Menschenmenge ergießt sich in den Park. Allen voran Jungs, große und kleine, im Laufschritt nehmen sie das gerade noch so idyllische Gelände in Besitz. Sie kennen nur ein Ziel, die Achterbahnen. Für einen Adrenalin-Cocktail ist es nie zu früh. Dass die Fahrt durch Schrauben und Loopings bei allem Nervenkitzel trotzdem sicher ist, dafür ist ein Mann mit dem passenden Namen Achim Stoß zuständig. Lange bevor der Park öffnet, überprüft er die Züge der Achterbahn, und ja, er macht jeden Morgen quasi auf nüchternen Magen eine Probefahrt. Was für ein rasanter Job.

Hinter den jauchzenden Horden Halbwüchsiger, die jetzt durchs Tor jagen, schlendern entspannt die Pärchen und Familien. Sie haben erst einmal ganz andere Ziele. Sie wollen mit den Kleinen durch den Märchenwald flanieren oder auf der Piazza einen Latte Macchiato nehmen. Die Öffnung des Tors ist wie ein Startschuss, einer der schönen Momente im Arbeitsalltag von Miro Gronau. Manchmal steht auch Roland Mack schon morgens hier am Rand. Näher kann man den Besuchern kaum sein, kann die Vorfreude und die andächtige Spannung spüren.

Roland Mack grüßt dann kurz, vielleicht spricht er mit ein paar Besuchern. Dann schwingt er sich in sein Golfcar, das etwas schneller fährt als alle anderen im Park, und braust davon. Es warten Besprechungen oder der Besuch auf einer der Baustellen der neuen Attraktionen. Der Chef möchte auf dem Laufenden bleiben und wissen, wie sich der Tag entwickelt. Selbst wenn er unterwegs ist, bekommt er täglich die aktuellen Besucherzahlen und Hotelauslastungen sowie die

Tagesprognose auf sein Handy geschickt. Falls er das Gefühl hat, es gibt Probleme, weiß Roland Mack immer genau, welche Nummer er wählen muss.

Miro Gronau ist Parkleiter. Wenn irgendwo Lichter, oder schlimmer, ganze Fahrgeschäfte ausfallen, ist er der Mann, der diese Probleme lösen muss. Sein Arbeitstag hat heute schon eine Dreiviertelstunde vor der offiziellen Parköffnung begonnen. Er hat die Tagesdisposition aus dem Drucker in seinem kleinen Büro gelassen, das er sich mit dem Leiter der Werkstätten teilt. Im Konferenzraum ein paar Schritte weiter haben sich schon Kollegen von der Park-Gastronomie, der Sicherheit und den Hotels eingefunden. Gronau fragt in die Runde: »Gab es gestern besondere Vorkommnisse?« Eine Gruppe von Schweizern sei am Nachmittag beim Hotel *El Andaluz* über ein Drehkreuz gestiegen. Das kostet Strafe und gibt Hausverbot. Da wäre eine Jahreskarte billiger gewesen. Die Runde lacht.

Derweil dreht Jürgen Sedler mit dem Golfcar seine Kontrollrunde. Er ist schon seit halb sechs in den Hallen der Gärtnerei auf den Beinen. Jetzt, kurz vor der Öffnung, kontrolliert der Gärtnermeister noch einmal die Pflanzen. Kein braunes Blatt soll die großzügigen Beete verunstalten. Abgestorbene Büsche lässt er sofort ersetzen. Früh am Morgen wurden in der Gärtnerei neue Pflanzen nach einer Dispositionsliste auf die Elektroautos geladen und auf dem Gelände an der richtigen Stelle eingepflanzt. Der Europa-Park ist ein echter Garten mit uralten Eichen und exotischen Gewächsen, wie sie in Schlossparks der vergangenen Jahrhunderte Mode waren. Dazu kommen 2.000 Kübelpflanzen und 300.000 Sommerblumen in den Beeten. Diesen Bestand muss Sedlers Team pflegen und gleichzeitig gemäß der Jahreszeit für blühende Landschaften auf dem gesamten Gelände sorgen.

Auch Pflanzen sind Chefsache. Roland Mack weiß, wie wichtig sie sind und schon immer waren, vor allem in den Anfängen, als das Gelände in Rust noch nicht so sehr mit den Attraktionen punkten konnte, aber Gartenschauen groß in Mode waren. Eine Tradition, die bis heute mit enormem Aufwand gepflegt wird. Mancher Olivenbaum im spanischen Stadtviertel bekommt seine Wurzelheizung, damit er den harten, deutschen Winter unbeschadet übersteht.

Zur gleichen Zeit plant die Morgenrunde den Tag im Park weiter. Wie viele Besucher werden erwartet? Welche Regionen haben gerade Ferien? An diesem Tag sind das nur noch Bayern und Frankreich. Und in der Schweiz ist heute wohl ein Feiertag, der sich nach dem Mondkalender richtet. Viele Menschen mit freier Zeit. Die fünf Hotels des Parks sind deshalb fast ausgebucht. »Vor allem mit Bajuwaren«, sagt der Kollege von der Hoteldispo. Die Morgenrunde wirft einen kurzen Blick auf die Wettervorhersage. Nach den Schauern am frühen Morgen, soll sich das Wetter im Laufe des Tages weiter stabilisieren. Eine gute Nachricht. Das Frühjahr war verregnet, man ist mitten in der Aufholjagd, damit auch diese Saison erfolgreicher wird als die letzte. So erwartet es der Chef.

Wie lange hat der Park voraussichtlich am heutigen Tag geöffnet, wenn sich das Wetter hält? Dieser letzte Punkt ist immer ein bisschen kritisch für den Parkleiter. Denn im Europa-Park ist man stolz darauf, dass es keine starren Öffnungszeiten gibt und an jedem Tag nach Besucherzahlen, Wetter und – ein bisschen – nach dem Gefühl von Roland Mack entschieden wird, wann sich die Pforten schließen.

Und einmal im Jahr hat der Park sogar bis Mitternacht geöffnet. Die Mitarbeiter stöhnen gelegentlich über die fließenden Schlusszeiten. Der Feierabend und die Arbeitszeiten sind dadurch schwer kalkulierbar.

Auch wenn die Mitarbeiter manchmal leise, und die Ruster Anwohner – wegen des Lärms – auch mal etwas lauter murren, Roland Mack ist diese Geste an seine Gäste wichtig. Sie haben bezahlt und sie sollen dafür etwas geboten bekommen und an besonders schönen Tagen darf es dann auch ein bisschen mehr sein. Und dann bleiben die Bahnen *Poseidon* und *Alpenexpress »Enzian«* halt eineinhalb Stunden länger geöffnet. Miro Gronau, der als Parkleiter die Schließzeiten festlegt, sagt: »Ich entscheide das oft in den Augen des Chefs nicht richtig und dann fragt er schon mal per Telefon nach.« Gronau war früher persönlicher Assistent von Roland Mack, kennt seine Ansprüche und trägt auch Rügen mittlerweile mit Fassung.

Am Ende der Morgenrunde berichtet der Sicherheitsmann dann noch von einem morgendlichen Unfall mit dem *EP-Express*, dem wichtigsten Verkehrsmittel für Gäste. Der Mitarbeiter einer Glasreinigungsfirma, der Fenster über den Bahngleisen zu wischen hatte, vergaß seine Leiter abzubauen. Der Park-Express, der an dieser Stelle zum Glück langsam fährt, hat die Trittleiter des Fensterputzers gerammt. Das klingt nach einer Slapstick-Szene aus einem Harold-Lloyd-Stummfilm, war aber nicht ganz ungefährlich. Die Reinigungskraft ist unversehrt, aber die Klimaanlage auf dem Dach des Zugs wurde abgerissen. Deshalb werden heute nur zwei der insgesamt drei Züge fahren. »Gut, dass wir keinen Spitzentag erwarten«, sagt Miro Gronau. Er macht später ein paar Fotos vom havarierten Zug und schickt sie an den Chef.

Inzwischen wischt eine Gruppe rüstiger Ruster Rentner die Bänke und andere Sitzgelegenheiten in der Deutschen Allee ab und arbeitet sich so langsam bis nach Griechenland und Spanien vor. Sie machen das jeden Morgen, mehr aus Liebe zum Park als für den Lohn. Eine Tradition seit der Eröffnung, die auch zeigt, die alten Ruster sehen den Europa-Park, der ja mal der Stadtgarten des Örtchens war, noch immer als den ihren an.

Im Hotel *El Andaluz* sitzen die letzten Gäste noch beim Frühstück. Sie beugen sich über die blauen Prospekte und planen ihren Tag. Lieber beim Schloss beginnen und dann über Italien, Russland und England langsam wieder zum Hotel vorarbeiten, oder umgekehrt? Wann sind die Termine für die Eisrevue und die Stuntshow? Dann eilen sie dem Park entgegen. Von den Wänden grüßt der Herr des Parks, Roland Mack. Hier ein Bild mit Jogi Löw, weiter hinten eins mit Kofi Annan und noch eins mit Marianne und Michael. Auch die Herren von Gazprom und Dieter Zetsche von Daimler dürfen nicht fehlen. Den Stolz, mit den Beliebten wie den Mächtigen auf Du und Du zu stehen, stellen die Macks gern zur Schau. Viele Gäste bleiben bewundernd vor der Galerie stehen.

Während die einen in den Park eilen, ziehen andere erst einmal ihre morgendlichen Runden im Palmengarten. Sie lassen es lieber ruhig angehen.

Am anderen Ende des Parks, auf der Terrasse von *Schloss Balthasar*, werden inzwischen die Tische eingedeckt. In den Küchen der Hotels und Restaurants sind die Frühstücksbuffets abgeräumt. Jetzt laufen schon die Vorbereitungen für den Ansturm auf das Mittagessen. An den unzähligen Essensständen im Park werden die Vorräte aufgefüllt.

Von Ferne hört man das Kreischen der Besucher, die beim *Fjord-Rafting* eine ordentliche Dusche abbekommen. Über sechs Millionen Liter Wasser zirkulieren im Kanal, erläutert der weißhaarige Mann am Stand, bei dem man einen Schnappschuss von der eigenen Fahrt erstehen kann. »Die kosten den Herrn Mack viel Geld«, sagt er und hält das wohl für ein Verkaufsargument. Besser dosiert sind die Duschen auf dem Spielplatz gleich hinter dem englischen Themenbereich. Unter einem Schleier aus feinem Sprühregen können sich die Eltern in der Mittagshitze abkühlen, während die Kinder in kleinen Booten mit Schwimmwesten in einem Bassin umherfahren.

Es geht auf die Mittagszeit zu und jetzt strömen Besucher in Scharen herbei. In den Gassen vom skandinavischen Viertel drängen sich die Besucher, an den Essensständen bilden sich lange Schlangen, ein Mädchen steckt den Kopf in ein Haifischmaul und die Eltern machen ein Foto. Roland Mack sitzt unterdessen mit Chip Cleary im »Zirkus Macksimus«, Macks Konferenzraum im Hotel *Colosseo*, über den Plänen für den neuen Wasserpark, der in den nächsten Jahren auf einem Areal neben dem Park entstehen soll. Cleary, der klein gewachsene Amerikaner mit dem verschmitzten Blick, war Präsident und Geschäftsführer der IAAPA, des Weltverbands der Freizeitindustrie, dem Roland Mack 2012 als Präsident nachfolgte. Aber vor allem ist Cleary Experte für Wasserparks. Der Ruster Parkchef lässt sich schon seit Monaten dessen Gedanken und Kalkulationen für das neue Großprojekt präsentieren, fragt immer wieder kleinste Details nach. Roland Mack will vor dem ersten Spatenstich ganz sicher sein. Ein zweiter Park in Rust soll mehr Übernachtungsgäste bringen und eine logische Ergänzung zu den bekannten Attraktionen sein. Der Wasserpark, keine Frage, ist vielleicht die größte Herausforderung, die die Macks seit der Eröffnung des Europa-Park 1975 anpacken.

Miro Gronau wird zum *Wodan* gerufen, der Holzachterbahn an der Südseite des Geländes. Dort gibt es ein Problem mit einem Sensor der den Zug automatisch abbremst, die Achterbahn wurde angehalten. Auf dem Weg sieht er einen Wagen der Gärtner, die sich an einem Beet zu schaffen machen. Eigentlich sollten solche Arbeiten morgens oder am Abend erledigt werden, wenn der Park geschlossen ist. Doch aus Umfragen ist bekannt, Gärtnerarbeiten stören die Besucher nicht. Im Gegenteil, eher holen sie sich bei den Gärtnern Tipps für die eigenen Beete. Sollen die Gärtner ruhig weiterarbeiten, *Wodan* wartet.

Als Gronau bei dem gewaltigen Holzgerüst am Rande des skandinavischen Viertels ankommt, läuft der Betrieb schon wieder rund. Die Züge rasen im Minutentakt aus dem Bahnhof. Nur wenige Sekunden zum Ankommen, Aussteigen, Zusteigen, Handtaschen abgeben, dann gehen die Bügel zu. Mit einer synchronen Bewegung, die aussieht wie eine lange Verbeugung, eilt das Team den Zug entlang, kontrolliert den Sitz der Sicherheitsbügel und schon verlässt der Zug mit einer weichen Beschleunigung den Bahnhof. Und bald hört man, hoch über den Köpfen der Wartenden, das ratternde Geräusch der Transportkette, dann die Schreie zwischen Jubel und Entsetzen, wenn der Zug in die Tiefe rast, und man spürt die Erschütterung im Holzgebälk der gesamten Anlage.

Das *Wodan*-Team wechselt alle halbe Stunde seine Position. Wer den Einlass kontrolliert hat, steuert dann vom Stellpult aus die Bahn. Der Rhythmus aus Ankommen, Aussteigen, Einsteigen, Kontrollieren, Abfahren ist besonders wichtig, erklärt Gronau. Eine Achterbahn kann man wie eine Produktionsstraße in einer Fabrik betrachten. Alle 62 Sekunden sollte eine Bahn starten, bei jedem Eintreffen startet eine rote Digitaluhr den Countdown. Jede Verzögerung bedeutet einen Verlust an »Produktivität«. Bei der Achterbahn bedeutet er, dass Menschen an diesem Tag nicht mitfahren können. Bei einer Sekunde Verzögerung pro Fahrt sind das 600 Besucher weniger am Tag, die den wohligen Schrecken im *Wodan* genießen können. Doch von dieser betriebswirtschaftlichen Sicht der Achterbahn sollen die Besucher möglichst wenig spüren. Warten bedeutet für die Gäste Frust, und langes Warten bedeutet viel Frust, so einfach ist die Gleichung. Für Besucher der Hauptattraktionen kann sich das Warten an Spitzentagen schon mal auf mehr als eine Stunde summieren. Doch das Stehen in der Schlange ist auch Teil der Vorfreude, sagen die Psychologen. Auch deshalb haben sie im Park früh damit begonnen, die Wartebereiche zu gestalten und als Zone der Einstimmung zu nutzen. Mit dramatischer Musik wie beim *Wodan* und Animationen wie bei der *blue fire* oder einfach durch Dekoration und Sounddesign wie bei der *Eurosat*. Besonders beliebt ist der interaktive Jodelkurs für die Besucher im Wartebereich der *Tiroler Wildwasserbahn*.

Im Verwaltungstrakt, an der Westseite des Parks, laufen parallel schon die Planungen für die nächste Saison. Im Callcenter gehen im Sekundentakt Anmeldungen ein. Hier werden Hotelzimmer gebucht und Konferenzräume disponiert. Fachtagungen, Hochzeitsgesellschaften, Pressekonferenzen, der Park ist längst Standort für Veranstaltungen aller Art. Im internen Schulungscenter nebenan laufen permanent

Seminare und Kurse für die Mitarbeiter und das »Training on the Job«, zu dem, wie man hört, auch ausgiebiges Achterbahnfahren gehört.

Gegenüber den Werkstätten befindet sich das Büro von Mack Solutions, die Firma ist für Grafik und Dekoration, also die sogenannte Thematisierung von Fahrgeschäften, verantwortlich. Hier stehen in einem kleinen Atelier die Grafiker an ihrem Zeichenbrett, das längst kein Brett mehr, sondern ein digitales Display ist, und entwerfen die künftigen Traumwelten. Themen, Figuren, Inneneinrichtungen, Architektur – alles läuft über ihren Schreibtisch. Und all das ist streng geheim. Keiner soll wissen, welche Gestalt die Fahrgeschäfte von morgen annehmen, an denen das Kreativ-Team hier tüftelt. Wenn die Entwürfe das Büro zum ersten Mal verlassen, bekommt sie zuerst Roland Mack zu sehen. Ob etwas umgesetzt oder überarbeitet werden muss, entscheidet er oft aus dem Bauch heraus. Die meisten Entwürfe finden Gnade vor den Augen des Chefs, sagen die Designer selbstbewusst. In all den Jahren haben sie Erfahrung darüber gesammelt, was ankommt und was nicht. Die Erfolgsquote: sieben von zehn Entwürfen gehen durch.

In der Gasse, zwischen den Werkstattsilos und dem Designbüro, steht Michael Mack, Juniorchef des Parks, mit dem Handy am Ohr und blinzelt in die Sonne. Er spricht auf Französisch in das Gerät, grüßt kurz und ist dann wieder bei seinem Telefonat. Michael Mack ist unter anderem Chef der Designabteilung, die er eigenverantwortlich führt und die bei Bedarf auch den Betrieb in Waldkirch mit Entwürfen versorgt. Zusammen mit seinem Bruder Thomas, dem Vater sowie seinem Onkel Jürgen bildet er seit ein paar Jahren die Geschäftsführung.

Ein paar Schritte weiter surren Nähmaschinen. Hier werden die Kostüme für Shows und die Kleider für die Mitarbeiter geschneidert und ausgebessert. Früher trugen die Mitarbeiter gelb-blaue Uniformen. Heute tragen sie Trachten und Kostüme, die in die jeweiligen Themenbereiche passen. Immer zu Saisonbeginn ist Kleiderausgabe, die Kostüme pflegen die Mitarbeiter selbst. Die Kollegen arbeiten oft mehrere Jahre am gleichen Ort, sei es ein Fahrgeschäft oder ein Kiosk im griechischen Dorf oder im portugiesischen Stadtviertel, und entwickeln so einen ganz eigenen Teamgeist.

Hier am Westrand des Parks, sozusagen im Backstage-Bereich, findet sich auch eine der vier Betriebskantinen. Hier sitzen die Männer im Blaumann in der Mittagspause zwischen Burgfräuleins und Clowns, bei Leberkäse, Fleischküchle und Apfelschorle. Hier darf selbst die Euromaus ihren Kopf abnehmen.

Parkleiter Gronau lässt sich um die Mittagszeit von der Kasse einen Zwischenstand über die Besucherzahlen geben. Die letzten dunklen Wolken am Himmel haben sich verzogen und das Gelände hat sich stärker gefüllt als morgens erwartet. Für jeden Tag im Jahr gibt es eine Zahl der erwarteten Besucher, gespeist aus der jahrzehntelangen Erfahrung. So weiß die Parkverwaltung an jedem Tag, wo sie in der Saison mit der Besucherfrequenz steht, das ist die Maßeinheit, in der erfolgreiche von weniger erfolgreichen Tagen unterschieden werden. Dieser Tag entwickelt sich also gut.

Am Nachmittag startet die Park-Parade, Samba-Rhythmen mit Tänzern, Artisten und natürlich der Euromaus. Die Parade ist eine Disney-Tradition und wird dort in den Parks mit großem Pomp inszeniert. Doch die Wege und Straßen im Ruster Park sind eigentlich zu schmal. Schon lange macht man sich im Kreativ-Team von Mack Solutions Gedanken, wie man sie anders gestalten könnte. Doch das ist vielleicht ein Projekt für die nächsten Jahre. Die Besucher freuen sich über die Parade, wie sie ist. Sie bleiben stehen, Kinder tanzen mit, die Mütter beklatschen die Salti und Schrauben, die die Artisten auf dem Trampolin vollführen, und die braven Familienväter schauen verstohlen auf die beweglichen Artistinnen.

Musiker, Tänzer, Pantomimen und Artisten. Über 250 Künstler aus 25 Nationen zählt der Park. Sie treten täglich an allen Ecken des Geländes auf. Am Abend gibt es in den Hotels und dem *Globe Theater* Musikshows und der Schweizer Sänger DJ Bobo startet gern seine Tourneen mit ein paar Vorpremieren im Park. Vom eidgenössischen Stimmungspopsänger bis zur Tänzerin, der Park hat längst eine ausgewachsene Booking-Abteilung für seine Künstler. Viele von ihnen sind schon seit Jahren jede Saison im Park engagiert. Nicht jeder so lange wie Rémy Bricka, der stets in Weiß gekleidet und von Tauben umflattert als Ein-Mann-Band auftritt und mit den Besuchern im Park eigene Mini-Paraden veranstaltet. Bricka ist ein Abenteurer, der es vor einigen Jahren sogar schaffte, den Atlantik mit Hilfe von sogenannten Floating Ski und einem Paddel »zu Fuß« zu überqueren. Die Macks haben im Park nach dem Franzosen, der anscheinend über Wasser gehen kann, eine Straße benannt – eine der hohen Ehren, die der Europa-Park zu vergeben hat.

Einer der Künstler ist inzwischen sogar zum Gesicht des Parks geworden. Albert de Paris, den hier alle nur als »Charly« kennen und der in seinem Kostüm dem legendären »Tramp« seines großen Vorbilds Charly Chaplin über die Jahre immer ähnlicher geworden ist. »De Paris«, das ist natürlich sein Künstlername. Der Mann stammt aus der Schweiz, lernte sein Handwerk in Paris beim großen Pantomimen Marcel Marceau und gibt seinen bürgerlichen Namen partout nicht preis.

Albert traf Roland Mack, der schon immer auf der Suche nach Talenten war, vor Jahrzehnten bei einem Artisten-Festival in Frankreich. Mack suchte eigentlich bloß einen Überraschungs-Künstler für die Kommunionfeier seines Sohnes Michael. Nach dem gelungenen Auftritt schnappte sich der Park-Chef den Künstler und zeigte ihm sein Reich. Albert begann spontan mit den Besuchern seine Späße zu treiben, Mack war begeistert und seitdem kehrt der Mann mit Spazierstock und Melone jede Saison zurück und verkürzt den Besuchern die Wartezeit.

Die Sonne steht schon tief, als sich der Park langsam leert. Die Familien strömen zum Ausgang, Kinder in ihren Buggies mit riesigen Kuscheltieren auf dem Schoß, Mädchen zu Katzen oder Clowns geschminkt, Väter, die zum Abschied noch genüsslich in ihre Wurstsemmel beißen.

Während die Autos die Schranken passieren und die Menschen ihren Heimweg antreten, füllen sich langsam die Hotelrestaurants. Im violett gehaltenen Sterne-Restaurant *Ammolite* versammeln sich die Betuchteren unter den Gästen zum Fünf-Gänge-Menü mit Wachtelbrust und Schwarzwurst-Ravioli. Am anderen Ende des Geländes, rund um das Tippi-Dorf, glimmen zur gleichen Zeit die Grills, Bier aus Glaskrügen wird gereicht. Im Pool von *Santa Isabel* toben Kinder durch die Wasserlandschaft, Mama ist im Spa, Papa liegt träge im Liegestuhl. Wenn es dann dunkel ist, füllt sich die Piazza des *Colosseo*. Auf der Veranda des *Bell Rock* speien die Wasserfontänen zu Klassikern aus dem »Great American

Songbook« in allen möglichen Farben: »What a wonderful world«. Roland Mack ist an diesen Abenden meist auf einer der vielen Abendveranstaltungen zu finden, danach an der Bar eines der Hotels. Immer gibt es einen VIP-Gast zu treffen oder mit einem Kollegen aus der Unterhaltungsbranche eine Kooperation zu schließen. Die Geschäfte werden in der Branche meist in sehr angenehmem Umfeld besiegelt.

Am nächsten Morgen geht es wieder los. 260 Tage im Jahr muss der Motor schnurren, soll dem Gast das Beste geboten werden. Der Park kennt kaum noch Ruhezeiten.

Im Oktober, gegen Ende der Saison, versammeln sich Mitarbeiter und Saisonkräfte im *Dome*, der parkeigenen Multifunktionshalle gleich neben dem Eingang, zum großen Mitarbeiterfest. Die Halle, die sonst für Fernsehaufzeichnungen genutzt oder von Firmen für Veranstaltungen gebucht wird, ist zu dieser Zeit zum Oktoberfest geschmückt. Das *Wodan*-Team hat sich in Schale geworfen und auch Clown Peppino ist in zivil, nur seine bunte Krawatte lässt seinen Beruf erahnen. Tänzerinnen und Artisten erkennt man daran, dass sie etwas mehr Make-up im Gesicht und mehr Strass an ihren Kleidern haben als die anderen Mitarbeiter. Man hört Englisch, Polnisch, Ungarisch und vor allem viel Französisch. Selbst seine Rede hält Jürgen Mack, Rolands Bruder und Geschäftsführer, auf Deutsch und Französisch. Er berichtet wieder einmal von einer Rekord-Saison. Thomas und Michael Mack stehen am Bühnenrand im Kreis der jungen Mitarbeiter, Ann-Kathrin Mack, die Tochter von Roland, und ihre Cousine Alexia stehen bereit, um gleich bei der großen Tombola zu assistieren.

Es ist die Betriebsfeier eines ganz normalen, mittelständischen Betriebs, so scheint es, freilich mit üppigerem Büffet und besserem Showprogramm. Die Menschen, die hier arbeiten, sind kaum zu unterscheiden von denen, die eine Stunde vorher den Park bevölkert haben, meist mit einem seligen Lächeln auf den Lippen. Es ist die Mitte der Gesellschaft, die den Park besucht, und es sind Menschen aus ihrer Mitte, die ihn zum Leben erwecken. So gesehen ist der Europa-Park bis heute ein echter Volkspark.

Roland Mack steht an diesem Abend noch lange zwischen den Mitarbeitern, spricht über die nächste Saison und Details, die man hier und da verbessern kann. Über zurückliegende Erfolge allerdings oder über gute alte Zeiten hört man ihn selten reden. Nach der Saison ist für ihn vor der Saison. Innehalten wäre ein Rückschritt.

Heute wird gefeiert, gerne auch lange und ausgelassen. Aber morgen, da müssen alle wieder auf ihren Plätzen sein.

Roland Mack ist auf jeden Fall da.

2.
Das Mack-Prinzip

Die DNA eines Freizeitparks

Wer Familienunternehmen verstehen will, muss ihre Mitglieder und deren Geschichte kennen und wissen, was sie im Innersten antreibt. Meist sind solche Unternehmen geprägt vom Patriarchen der Gründergeneration, von seinem Temperament und seinen Vorlieben, den Dingen, die er für wichtig hält, seinem Menschenbild. Vieles davon wird zu ungeschriebenen Regeln, die auch in der nächsten Generation befolgt werden. Sie sind gewissermaßen die DNA einer Firma. Einen solchen Unternehmer kontrolliert keine Hauptversammlung und kein Aufsichtsrat. Wenn er klug ist, sucht er sich Vertraute und Berater, organisiert sich auch den Widerspruch in seinem Umfeld, damit er Entscheidungen diskutieren kann. Aber am Ende entscheidet er selbst und trägt allein das Risiko für sich und sein Unternehmen. Es gibt wohl in der modernen Arbeitswelt nur wenige Positionen, die mehr Freiheiten in der Entscheidung und im Handeln bieten, als die eines Familienunternehmers. Sie sind in ihrem Bereich oft so etwas wie unumschränkte Herrscher.

Ist Roland Mack ein Patriarch? Was für eine Frage. Keiner, der ihn kennengelernt oder gar mit ihm gearbeitet hat, würde das bestreiten. Er ist seit über drei Jahrzehnten die dominierende Figur, wie es sein Vater in Waldkirch war und auch noch in den Anfangsjahren im Park. Roland Mack prägt sein Unternehmen durch seinen Führungsstil, sein Gefühl und seinen Geschmack wie niemand sonst. Mit dem Europa-Park, wie er heute ist, hat sich Roland Mack eine eigene Kleinstadt geschaffen und er ist der Bürgermeister auf Lebenszeit. Ein »kleines, feudales Fürstentum« treffe es wohl eher, sagen die, die einmal dort gearbeitet haben, und der absolute Fürst heiße Mack.

Natürlich gibt es auch in diesem Unternehmen längst verschiedene Managementebenen, von Roland Mack an vielen Stellen selbst eingezogen. Auch vom Prinzip, dass in der obersten Führungsebene, also im Familienrat, jeder über alles Bescheid wissen muss, wie in der Gründungsphase, hat man sich zu einem guten Stück verabschiedet. Dazu ist das Unternehmen mit 3.500 Mitarbeitern heute wohl auch zu groß. Lange bildeten er und sein jüngerer und auch ruhigerer Bruder gemeinsam die Geschäftsführung. Seit Roland Macks Söhne in das Unternehmen eingestiegen sind, besteht der Familienrat aus vier Köpfen, sollte Rolands Tochter Ann-Kathrin dazu stoßen, wären es fünf. Und auch mit den Kindern von Jürgen Mack wird man in Zukunft rechnen. Dieser Rat ist oberste Instanz, entscheidet über alle wichtigen Fragen im Konsens. Aber klar ist auch, bis heute läuft nichts Wesentliches an Roland Mack vorbei. Und oft ist er es, der die Jungen auf Details aufmerksam macht, die sie sonst übersehen hätten. Er kennt in diesem Park jede Schraube, sagen die Mitarbeiter, und da der Mann vom ersten Tag an dabei war und sich als Ingenieur immer auch in die technischen Details hineingewühlt hat, muss man das wohl wörtlich nehmen.

Wie funktioniert dieses Fürstentum der Familienunterhaltung? Ganz offensichtlich mit einer eigentümlichen Mischung aus Modernität und Tradition, wie man sie so wohl in keinem Lehrbuch für Führungskräfte finden wird. Es ist ein Dreiklang aus Bodenständigkeit, Pragmatismus und »Intensität des Tuns«, wie ein enger Mitarbeiter sagt.

Der Park bin ich

Vor einigen Jahren lud die *Badische Zeitung* zum Ego-Googlen. Roland Mack sollte in einer Reihe mit Persönlichkeiten der Region überprüfen, was man findet, wenn man seinen Namen in die Internet-Suchmaschine eingibt. Roland Mack, so berichtet es die Zeitung in dem launigen Text, interessiert sich zunächst nicht für das, was gefunden wird, sondern vor allem für die Menge. Knapp tausend Einträge, ob das viel sei, will er wissen und gibt zum Vergleich »Barack Obama« und »Angela Merkel« ein, die auf Millionen Einträge kommen. Erst als die Suche nach anderen Parkbetreibern deutlich weniger Treffer ergibt, ist er beruhigt. Zumindest in seiner Branche ist er Spitzenreiter. Roland ist ein Wettkämpfer, der sich ständig messen muss, der jede Niederlage persönlich nimmt. Das liegt wohl daran, dass er in seinem Unternehmerleben keine wirklich existenziellen Niederlagen erleiden musste, allenfalls Rückschläge oder Durststrecken.

Es liegt aber sicherlich auch daran, dass Roland Mack mit seinem Unternehmen quasi verschmolzen ist. Das merkt man ihm an, aber das sieht man auch überall im Park.

Im Märchenland, gleich gegenüber von Frau Holle, gibt es dieses Toilettenhäuschen, gestaltet ganz im Stil der umstehenden Märchenhäuser. In der Mitte, gleich neben den »echten« Toiletteneingängen, sind zwei Zwergentüren. Wer sich den Spaß macht und eine Weile vor der märchenhaften Bedürfnisanstalt wartet, sieht bestimmt ein Kind neugierig eine dieser kleinen Türen öffnen und dann vor einer empörten Stimme zurückschrecken, die ruft: »He, besetzt!«

Das ist der Humor von Roland Mack – schelmisch und spitzbübisch. Das schimmert immer mal wieder durch, wenn man aufmerksam durch den Park geht. Der Konferenzraum im *Colosseo*, in dem Roland Mack oft arbeitet und zu Besprechungen empfängt, heißt selbstironisch *Zirkus Macksimus*. Auch das *Historama*-Drehtheater in dem gelbblauen Kegel zwischen dem russischen und holländischen Viertel, das dem Besucher einen Blick hinter die Kulissen des Unternehmens Mack gewähren soll, gibt vor allem einen tiefen Einblick in das Selbstverständnis der Familie. Das Drehtheater mit moderner Laserprojektionstechnik zeigt Roland Mack neben seinem Bruder Jürgen als sprechende Gipsköpfe im Wallhall der Freizeitindustrie, während sich die junge Mack-Generation an den Kurbeln des Drehtheaters abmühen muss. Das ist Familien-Theater, vielleicht nicht ganz stilsicher, aber immerhin nimmt sich hier die Besitzerfamilie selbst auf die Schippe.

Die Macks sind so frei, sich in ihrem eigenen Park selbst zu feiern. Spuren davon finden sich fast überall. Das alte Schiffswrack im portugiesischen Stadtviertel heißt *Santa Marian*. Wer das *n* übersieht, fängt vielleicht an zu grübeln, was wohl das berühmte Schiff des Genuesers Christoph Kolumbus, das doch unter spanischer Flagge die Neue Welt entdeckte, im portugiesischen Stadtviertel zu suchen hat? Doch das ist in die falsche Richtung gedacht. Die tatsächliche Namenspatin ist Marianne Mack, Rolands Frau, so wie er selbst für das Gästehaus *Circus Rolando* Pate stand. Das Hotel *Santa Isabel* ist nur auf den ersten Blick der heiligen Elisabeth von Portugal gewidmet, tatsächlich ist es eine Hommage an Roland Macks verstorbene Mutter Elisabeth, genannt Liesel. Seinem Vater Franz setzte der Sohn bereits zu Lebzeiten ein bronzenes, fast lebensgroßes Denkmal im Eingangsbereich. Nein, man kann nicht sagen, dass die Macks in Sachen Personenkult falsche Hemmungen hätten.

Der *Zirkus Macksimus*, Kraftzentrum von Roland Mack, liegt zwar außerhalb des eigentlichen Parkgeländes, aber im größten Hotel, dem *Colosseo*, doch ganz mitten im Getümmel. Der Raum gleich beim Restaurant sieht aus wie eine Mischung aus einer Zigarrenlounge und einem jener Salonwagen, die das Unternehmen in Waldkirch über Jahrzehnte in der Schaustellerwelt berühmt gemacht hat. Schwere, dunkle Möbel im Stil einer englischen Bibliothek. In der Mitte des Raumes eine lange Tafel, an deren Kopf oft der Chef sitzt, meist das Handy am Ohr. An der Wand hängen Bilder der Eltern, gezeichnet im Stil amerikanischer Präsidenten. Man kann sich Roland Mack heute kaum mehr in einem der nüchternen Managerbüros vorstellen, wie sie sein Bruder und seine Söhne im Verwaltungstrakt des Parks belegen. Er hat sich im Park eine eigene Welt geschaffen, die dem Ideal, wie er es für sich und für seine Besucher vorstellt, ziemlich nahekommt.

Alle, die je enger mit Roland Mack zusammengearbeitet haben, sagen: »Der Park ist das, was hervorkommt, wenn Roland Mack sein Innerstes nach außen kehrt.« Und es gibt nicht wenige Mitarbeiter, die als Erfolgsgeheimnis für eine steile Karriere im Unternehmen empfehlen, den Park einfach mit den Augen des Chefs zu sehen. Der sieht jeden Papierfetzen auf dem Rasen, jede welke Blume im Beet und beordert die zuständigen Mitarbeiter per Walki-Talki umgehend zum Ort des Vergehens.

Meinung und Geschmack des Chefs sind bis heute der wesentliche Maßstab. Wer Mitarbeiter darauf anspricht, dass viele Attraktionen früher weniger überladen waren, bestätigen das entweder mit Begeisterung oder stillem Bedauern: »Ja, der Herr Mack mag es gerne üppig.« Seit Ulrich Damrau, der Gestalter der meisten Bauten im Park, tot ist, hat die Gestaltung etwas von der Strenge des erfahrenen Bühnenbildners verloren, es ist auch kein Sakrileg mehr, dass es jetzt mitten im Europa-Park einen kleinen afrikanischen Themenbereich gibt. Roland Mack ist da großzügig und ein Mitarbeiter sagt augenzwinkernd, hier bekenne man sich an dieser Stelle eben offen zu den kolonialen Wurzeln Europas.

Der Kopf des Unternehmens legt die Regeln fest, überprüft die Qualität und bestimmt, wenn er es für nötig hält, bis ins letzte Detail Design oder Ausstattung eines Hotels oder eines Fahrgeschäfts. Selbst bei der Farbe der Kacheln jedes Toilettenhäuschens, ob im französischen oder im skandinavischen Viertel, möchte er gerne mitreden. Roland Mack sagt: »Du musst als Chef auf Augenhöhe sein, du musst eigentlich auch ein Stück weit besser informiert sein, wenn du es dir mit dem Führen leicht machen willst. Denn der Fachmann, mit dem du sprichst, bekommt ganz schnell mit, ob du sattelfest bist oder nicht.« Zudem müsse man als Chef immer das Ziel im Auge behalten, dürfe die Dinge nie treiben lassen.

Das gilt für alle Bereiche, aber besonders für Geschmacksfragen. Dabei trifft er immer wieder die Vorlieben eines breiten Publikums: ohne elitären Dünkel und mit ziemlich sicherem Gespür, was ankommt und was nicht. So ist es schwer abzugrenzen, wo professionelle Kalkulation endet und der persönliche Geschmack des Gründers beginnt. Ein Bedürfnis, seine persönlichen Vorlieben vom Publikumsgeschmack einmal abzusetzen, scheint er jedenfalls nicht zu haben, selbst bei der eigenen Geburtstagsparty nicht. So trat zu seinem 60. Geburtstag kein Symphonie-Orchester auf und auch nicht Udo Lindenberg oder Elton John, wie man es in seiner Generation und Liga erwarten könnte. Es waren Stefanie Hertel und Stefan Mross, die das Geburtstagskonzert gaben. Passend zur Mottofeier Oktoberfest, und die Festgesellschaft schunkelte im Takt.

Dass der Wurm dem Fisch und nicht dem Angler schmecken müsse, ist für Mitarbeiter die falsche Einstellung. Eine, die man besser nicht allzu laut in Gegenwart des Chefs vertritt. Das könnte leicht als Zynismus verstanden werden – und dafür ist kein Platz im Park. Dem Gast werden hier alle Wünsche erfüllt, ohne jeden Dünkel, dafür aber so professionell wie möglich.

Das Bauchgefühl eines Gestalters, der sich von überall her Anregungen holt, Ideen aufsaugt, konsequent für seinen Park ummünzt und mit seiner Handschrift versieht, unterscheidet den Park dann auch an vielen Stellen von den konfektionierten Unterhaltungsresorts der amerikanischen Konzerne. »Der hat ein Herz und eine Seele, wie wohl kaum ein anderer Freizeitpark«, sagt Amanda Thomson anerkennend, Chefin des Pleasure Beach Parks im englischen Blackpool. Sie kennt Roland Mack seit ihrer Kindheit, ist eine Freundin der Familie. Sie sagt: »Der Park ist Roland Mack und Roland Mack ist der Park.«

Konzentration

»Wer sich nicht verzettelt, verkalkt«, hat einmal ein veritabler Mittelständler aus dem Schwarzwald postuliert, Horst Siedle, der Chef des gleichnamigen Spezialisten für Haus-Elektronik in Furtwangen. In einem Park, der mit Artisten,

Technikern, Designern, allen Arten von Handwerkern und auch vielen Ungelernten arbeitet und dabei von der Hotellerie über die Gastronomie, Showgeschäft bis hin zu Veranstaltungs-Know-how und Maschinenbetrieb so viele verschiedene Branchen abdeckt, ist Verzetteln kein Problem. Doch Roland Mack gelingt es immer wieder, sich auf das Wesentliche zu konzentrieren: die Qualität.

Das erfordert den Blick fürs Detail. Defekte Glühbirnen, Müll auf dem Rasen, beschädigte Tische oder auch nur ein überfüllter Aschenbecher vor einem der Hotels. Es sind diese gefürchteten Kleinigkeiten, die die Illusion zerstören und Roland Mack auf seinen regelmäßigen Touren durch den Park ins Auge stechen. Menschen in einem Freizeitpark wollen in eine andere Welt entführt werden, und da stört jedes kleine Detail, das sie an die graue Realität draußen erinnert. Perfektion ist also gefragt und die Konzentration auf die kleinsten Dinge, scheinen sie auch noch so nebensächlich.

Roland Mack zelebriert seinen Blick für Kleinigkeiten und führt im Pressegespräch auch gern mal Mitarbeiter vor, die den defekten Stuhl nicht bereits vor dem Chef gesehen und ausgetauscht haben. Wer mit ihm durch den Park fährt, wird mit Sicherheit einmal erleben, dass er anhält, um einen Joghurtbecher von der Grünfläche zu entfernen oder einen umgestürzten Blumenkübel wieder aufzurichten. Das Signal: am Ende muss halt doch der Chef mit anpacken, damit es wirklich perfekt wird.

Diesen Perfektionismus haben die Macks seit Generationen in der Produktion ihrer Wagen und später der Fahrgeschäfte an den Tag gelegt. In Waldkirch wurde vielleicht nicht alles selbst erfunden, was auf Jahrmärkten zu sehen war, aber die Schausteller konnten sicher sein, dass sie die Berg- und Talbahn oder einen Salonwagen in einer so ausgefeilten Version kaum anderswo als in Waldkirch bekommen konnten. Wie perfekte Dienstleistung in einem Freizeitpark aussieht, das musste die Handwerkerfamilie dagegen erst lernen. Diesem Anspruch eifern die Macks in ihrem Park seit der Gründung nach.

Sie hatten nie Interesse daran, ihr Erfolgsmodell an einem anderen Standort zu wiederholen, gar nach dem Vorbild der Großen der Branche, selbst zu einem kleinen Unterhaltungskonzern mit mehreren Freizeitresorts zu werden. Sie haben sich immer auf ihren einen Park beschränkt und sich diesem mit Haut und Haaren verschrieben. Ob ihnen von Anfang an klar war, was das bedeutet, als sie den Europa-Park im Juli 1975 eröffneten, ist ungewiss.

Einen Freizeitpark, wenn er einmal solche Dimensionen angenommen hat, kann man nicht wegen der Lohnkosten oder der Steuern ins benachbarte Ausland verlegen, wie das heute in anderen Branchen durchaus üblich ist. Der Park der Macks ist mit Rust verwachsen. Was sie hier in über 30 Jahren aufgebaut haben, lässt sich auch nicht verkaufen und anderswo noch einmal errichten. Freizeit nach Art des Europa-Park kann so nur an dem Ort und dieser Stelle hergestellt werden.

Rust und der Europa-Park sind eine Schicksalsgemeinschaft. Aber für beide Seiten hätte es weniger günstig kommen können. Der Park ist mit Abstand der größte Arbeitgeber in der Region. Welcher Ort dieser Größe hat ein so üppiges Unterhaltungsangebot, solch eine Vielfalt an Gastronomie und natürlich so viele zahlende Gäste? Wo sonst als in dem günstig an einer internationalen Verkehrsachse gelegenen Örtchen in der Ortenau hätte es ein geeignetes Gelände mit vielen Erweiterungsmöglichkeiten gegeben? Auch wenn es mit dem Gemeinderat immer mal wieder Diskussionen gibt und neben den anderen Fraktionen seit Jahren auch Räte der »Bürger für Rust« sitzen, deren politisches Hauptanliegen kritische Anmerkungen zum Park sind: Der Park hat mit der 4.000-Einwohner-Gemeinde seinen Umgang zum Nutzen beider Seiten gefunden.

So an den Flecken gebunden, haben sich die Macks immer zum Standort bekannt. Roland und Marianne Mack zogen gleich nach der Eröffnung mitten auf das Parkgelände, in ein kleines, weißes Haus direkt beim See, wo damals nur der Mississippi-Dampfer fuhr. Oben die Wohnung, unten das erste Büro. Später, als das Schloss dazukam, siedelte die Familie in die oberen Stockwerke des alten Gemäuers um. Seit Roland Mack gleich neben dem Park gebaut hat, mit einem direkten Zugang zum Märchenwald, wohnen Jürgen und Mauritia Mack unter der Woche im Schloss, am Wochenende und an freien Tagen ziehen sie sich mit der Familie in ein Haus, wenige Kilometer entfernt, in Ettenheim zurück.

Wohnen im Betrieb. Roland Mack kennt das aus seiner Kindheit, wo Freizeit und Arbeit nie voneinander getrennt waren. Seine Familie lebt seit er denken kann auf dem Firmengelände. Er ist mit Blick auf Achterbahnen aufgewachsen, die damals direkt vor seinem Fenster montiert wurden. Bei den Macks war das Private immer auch geschäftlich und das Geschäftliche immer auch privat. Wenn man Führung so begreift, wie er es dort gelernt hat, kann man kaum längere Zeit »vom Geschäft« entfernt sein, ohne nervös zu werden. Selbst wenn man darauf vertrauen könnte, dass der Park inzwischen wie eine geölte Maschine läuft. Noch immer glaubt die Familie, dass die Mitarbeiter erst dann den letzten Biss entwickeln, wenn sie wissen, der Chef ist vor Ort.

Wie sehr es prägt, im eigenen Betrieb aufzuwachsen und dort tagtäglich selbst die Standards zu setzen, daran wurde Michael Mack wieder einmal erinnert, als er vor einiger Zeit mit seiner Frau in einem Hotel war und sich über Qualität und Preise beschwerte. Seine Frau sagte daraufhin lachend: »Willkommen in der Realität. Hier ist es anders als in deiner ›Truman-Show‹«. Die Truman-Show der Macks ist eine Anspielung auf den Hollywoodfilm mit dem US-Komiker Jim Carry, in dem er Truman Burbank spielt, einen Mann mittleren Alters, der in einer Stadt namens Sea Heaven aufwächst und die er noch nie verlassen hat. Zu wohl fühlt er sich in seiner behaglichen Welt mit gestutztem Rasen und den sauberen weißen Häuserfassaden. Doch in Wirklichkeit wurde er in die künstliche Welt einer 24-Stunden-Realitiy-Fernsehserie hineingeboren. Irgendwann entdeckt Truman, Sea Heaven ist eine Fernsehkulisse, alle seine Mitmenschen sind Schauspieler und er selbst wird rund um die Uhr von der Kamera verfolgt. Sein ganzes Leben wird vor Millionen Menschen ausgebreitet. Als er irgendwann versucht auszubrechen, stößt er mit seinem Boot an den künstlichen Horizont.

Michael und Thomas Mack kennen die Welt außerhalb des Parks. Sie haben im Ausland studiert, Praktika in aller Welt absolviert und sie sind als Repräsentanten des Europa-Park viel unterwegs. Vor allem aber kennen sie den Aufwand und die Mühe, die es kostet, täglich ihre »Truman-Show« in Schwung zu bringen und am Laufen zu halten. Anders als Truman Burbank, können sie hinter die Kulissen ihrer künstlichen Welt blicken. Und trotzdem sind sie täglich bei sich selbst zu Gast in einer Welt, die fast alle Bedürfnisse perfekt erfüllt.

Wenn einem diese Annehmlichkeiten jeden Tag zur Verfügung stehen, besteht die Gefahr, dieses Leben für die Realität zu halten, diese Sorge hatte zumindest Marianne Mack bei der Erziehung ihrer Kinder. Deshalb war es ihr sehr wichtig, dass die Söhne, und später auch die Tochter, eine möglichst normale Kindheit in Rust erleben. Sie sollten im Fußballverein spielen, sich mit Freunden auch außerhalb des Parks treffen und mit der ganzen Familie gemeinsam dieses Truman-Show-Gefühl am Wohnzimmertisch immer wieder durchbrechen. Denn schließlich würden die drei noch eine lange Zeit ihres Lebens an diesem Ort verbringen, wenn sie – wie es nun geschehen ist – in das Unternehmen einsteigen.

Der vorläufig einzige Ausbruchsversuch von Michael Mack endete nach einer harten Diskussion mit dem Vater. Es war nicht mehr als ein reizvolles Gedankenspiel, als aus der Ukraine vor einigen Jahren das Angebot kam, dort einen Freizeitpark zu eröffnen. Michael Mack, damals noch mitten in der Ausbildung, hätte es gerne versucht, um seine Fähigkeiten als Gründer zu beweisen. Dort hätte er seine eigenen Fußstapfen hinterlassen können und trotzdem die Erfahrungen und das Know-how der Familie im Rücken gehabt. Doch am Ende entschied der Familienrat, dass es bei der Familienpolitik, sich ganz auf Rust zu konzentrieren, bleibt. Roland und sein Bruder Jürgen Mack kennen die Untiefen ihres Geschäfts, die Unsicherheiten, die das deutsche Baurecht mit langwierigen Prüfungen und Genehmigungsverfahren bereithält. Welche Schwierigkeiten hätte man erst in der Ukraine bewältigen müssen, um einen zweiten Park von

Null aufzubauen? Flops in diesen Dimensionen kann sich ein mittelständisches Unternehmen, anders als ein Konzern, nicht leisten. Den Europa-Park kann es nur in Rust geben und nur in diesem bekannten Terrain ist dieser Erfolg möglich, so lautet einer der Grundsätze der Familie.

Roland Mack sagte damals nur knapp: »Du kannst nur ein Pferd reiten.« Es war klar, dieses Pferd hat seine Weide in Rust.

Familienbande

Als in Waldkirch, dem Heimatort der Familie Mack, in den 70er-Jahren die Metzgerei Börschig ihren Laden für immer schloss, waren viele Bürger des Städtchens traurig. Bei dem alt eingesessenen Betrieb gab es die besten Bratwürste des Orts. Doch die Börschigs hatte schon seit einigen Jahren einen Auftraggeber, der sie immer mehr forderte, immer größere Lieferungen brauchte und auf den sich die Metzgerei künftig komplett konzentrieren wollte: den Europa-Park. Seit der Gründung war die Metzgerei Börschig dabei. Da das Ladengeschäft in der Lange Straße von da an geschlossen war, mussten die Waldkircher Eintritt bezahlen, wollten sie die schmackhaften Würste der Börschigs essen.

Dass damals die Wahl der Macks auf die Metzgerei Börschig als Lieferant fiel, war weder Zufall noch lag es allein an der Qualität. Roland Macks Mutter Liesel war eine geborene Börschig, die Metzgerei führte damals ihr Bruder. Auf Geschäfte innerhalb der Familie war Verlass, das wusste Franz Mack, und bei der Gründung mussten ohnehin alle aus dem erweiterten Familienkreis mit anpacken.

Dieses Prinzip, Familienmitglieder miteinzubinden, wo es geht, war damals eine aus der Not geborene Strategie, denn kaum jemand außerhalb der Familie und nicht einmal alle innerhalb der Familie glaubten an das Projekt. Diese Strategie hat sich erhalten und zieht sich bis heute durch viele Teile des Unternehmens. Marianne Mack saß in der Anfangszeit mit an der Kasse und im Büro, weil Franz Mack eine Vertrauensperson dort haben wollte. Noch heute beaufsichtigt sie, neben anderen Aufgaben, Einsatzpläne, Statistiken und hat etliche Kontrollfunktionen. Für die Andenkenläden war von Beginn an Dieter Stumpf, ein Cousin, zuständig. Heute führt sein Sohn Ralf, zusammen mit Jürgens Frau Mauritia Mack, diesen wichtigen Geschäftszweig. Für bauliche Belange konnte ein weiterer Cousin, Günther Stumpf, gewonnen werden, der bis heute beratend tätig ist.

Die Söhne von Roland sind schon seit Jahren in der Geschäftsführung, ein externer Manager oder der Aufstieg eines verdienten Mitarbeiters bis in diese Sphären wäre kaum vorstellbar. Wer nicht direkt zur Familie gehört, aber das Vertrauen genießt, wird irgendwann gewissermaßen adoptiert. Der Rechtsberater der Familie Mack war über Jahrzehnte Willi Thoma. Dessen Vater hatte schon vor dem Krieg in den Werkstätten der Macks gearbeitet und schon als Schüler hatte Willi Thoma bei Macks in der Produktion gejobbt. Thoma studierte Jura und wurde zum engen Vertrauten von Franz Mack. Sein Sohn Michael ist nach dem Tod des Vaters heute in dessen Fußstapfen getreten und führt in Waldkirch eine florierende Kanzlei. Er ist zudem mit der Schwester von Marianne Mack verheiratet und somit auch ein Teil der Familie. Ähnliches gilt für Peter Reich, der schon Franz Mack als Steuer- und Finanzberater diente und bis heute für finanzielle Belange zuständig ist. Auch Michael Scholz, ein Schulfreund von Roland, der fast bei den Macks aufgewachsen ist, muss zur erweiterten Familie gezählt werden. Scholz ist eine Vertrauensperson der Macks, betraut mit besonderen Aufgaben. Jüngst wurde sogar ein Weg im Park nach ihm benannt. So kann es schon als Innovation angesehen werden, dass Mack Rides, wie das Stammunternehmen in Waldkirch seit einigen Jahren mit Blick auf den internationalen Markt heißt, mit Christian von Elverfeldt einem externen Manager anvertraut wurde. Aber immerhin, auch Geschäftsführer von Elverfeldt kam durch persönliche Vermittlung zum Unternehmen.

Dass man sich im Zweifelsfall auf Freunde und die Familie verlassen muss, während potenzielle Partner kneifen, diese Erfahrung sitzt bei Roland Mack tief und sie hat zu manch wichtigen Entscheidungen geführt, die heute für den Park prägend sind. Die Gastronomie im Park organisierten die Macks selbst, weil sie keinen Gastronomen fanden, der die Stände und Restaurants im Park selbstständig führen wollte. Und Roland Mack wurde zum größten Hotelier Deutschlands, weil kein Hotelkonzern glaubte, dass die Zimmer bei einem Freizeitpark in der Provinz das ganze Jahr über ausgelastet sein könnten. Heute ist er froh, dass all das in seiner Hand liegt. Doch es bedeutete auch, dass die Familie immer das größte Risiko selbst trug und bis heute trägt.

Schon bei der Gründung gab es nur wenige, die dem Europa-Park zutrauten, die erste Saison zu überstehen. Der damalige Schlossherr verwies auf die Schnakenplage durch den nahen Altrhein und sagte, hier sei schon einmal ein Tiergehege pleite gegangen. Noch schwieriger war es, Geschäftsleute zu finden, die damals bereit waren, mit den Macks ins

Risiko zu gehen. Man könne sich kaum eine Vorstellung machen, was für eine »eiserne Mauer aus Ablehnung, Gleichgültigkeit und Widerständen« es zu überwinden galt, berichtet Zeitzeuge Willi Thoma. Diese Ablehnung haben Franz und Roland Mack auch als persönliches Misstrauensvotum verstanden und sich bis heute jede Bank gemerkt, die damals die Kredite verweigerte. Aber die, die zum Risiko bereit waren, konnten dagegen darauf zählen, dass sie auf Dauer dabei sind.

Die Macks haben nie vergessen, wer sie unterstützt hat. Die einzigen Banken, die damals die Träume der Waldkircher Familie finanzieren wollten, die Volksbanken aus Waldkirch und Ettenheim, und später Lahr sind deshalb bis heute die Hausbanken. Auch vielen der Zulieferer, die damals ihre Rechnungen stundeten oder sich ohne Garantie am Erfolg beteiligten, ist der Park treu geblieben. Sie stehen heute noch auf der Lieferantenliste. So etwa die Kronenbrauerei aus Offenburg, die noch immer Bier liefert, obwohl es inzwischen große Deals mit internationalen Getränkekonzernen gibt. Das Vertrauen in den Park hat sich für die kleine Brauerei im existenziellen Sinn ausgezahlt. Mack als Großkunde sicherte ihr die Unabhängigkeit von großen Brauereikonzernen.

Eine Treue, die die Macks auch in ihrer Branche mit Leben füllen. Silvester feiern sie mit den Schaustellerfamilien, die früher Kunden im Waldkircher Betrieb waren, mit denen die Familie zum Teil seit mehreren Generationen befreundet ist. Das Fest findet am Neujahrsmorgen mit einer Messe in der Kapelle des Hotels *Santa Isabel* seinen Abschluss.

Auch Amanda Thompson berichtet von der Freundschaft, die beide Familien immer verbunden hat. Thompsons Vater, ein enger Freund von Franz Mack, starb vor einigen Jahren ganz plötzlich und Amanda Thompson musste als eine der wenigen Frauen in der Branche das Familienunternehmen übernehmen. Damals war es Roland Mack, der der jungen Parkchefin Ratschläge geben konnte. »Es ist von unschätzbarem Wert, wenn dir ein Großer in der Branche hilft, die richtige Richtung mit deinem Unternehmen einzuschlagen. Er kennt die Probleme eines solchen Unternehmens wie kaum ein anderer und weiß auch, wie schwierig es ist, plötzlich eigene Entscheidungen zu treffen.« Amanda Thompson ist mit den Macks bis heute eng verbunden und hat bereits einmal als Regisseurin ein Varieté-Programm für den Park erarbeitet.

Muss es nicht wunderbar sein, wenn die ganze Familie zusammen an einem großen Projekt arbeitet, man sich blind vertrauen kann, weiß wie der Bruder, Vater, Schwager oder die Schwägerin ticken?

Muss es nicht schrecklich sein, wenn jede Mahlzeit zur Konferenz, jede Familienfeier zur Vorstandssitzung wird?

Diese Frage hat sich Roland Mack wohl nie gestellt. Denn er kennt es nicht anders. Das Unternehmen ist die Familie und die Familie ist das Unternehmen. Nie sitzt man einfach nur beisammen, bei jeder Gelegenheit wird über Kunden diskutiert oder über neue Projekte verhandelt. So war es schon damals im Betrieb in Waldkirch und so ist es auch in Deutschlands größtem Freizeitpark geblieben. Bis heute gilt das eiserne Prinzip, dass während der Saison immer ein Mack im Park sein muss, der im Notfall Entscheidungen treffen kann. Das eingespielte Team der Mitarbeiter könnte wahrscheinlich in 80 Prozent der Fälle auch selbst entscheiden, für die restlichen 20 Prozent würde das Mobiltelefon ausreichen, aber die Verantwortung behalten die Macks lieber bei sich.

Auch Heiratspolitik ist in so einer Familie nicht tabu. Schon Heinrich Mack, Rolands Großvater, impfte seinen Söhnen ein, dass Frauen, die sie einmal heiraten wollen, ins Unternehmen passen müssen. »Die Frauen, die können alles kaputt machen«, hieß es damals, als es noch allein die Männer in der Gesellschaft waren, die die Geschäfte tätigten. Auch in späteren Generationen soll dem einen oder anderen Mack damit gedroht worden sein, enterbt zu werden, wenn er diese oder jene Freundin tatsächlich auch heiratet. Das klingt heute nach Methoden aus längst vergangenen Zeiten. Aber tatsächlich sind die familiären Beziehungen, die ja die große Stärke von Familienunternehmen sind, gleichzeitig auch ihr größter Schwachpunkt. Deshalb ist es in so einem Familienbetrieb eben keine rein private Entscheidung, wer durch Heirat dazugehört und wer nicht. Abgesehen davon wird man als angeheiratete Partner in einer Familie mit solchen Strukturen wohl auch nicht glücklich, wenn man sich nicht voll und ganz mit dem Park und allen Begleiterscheinungen identifizieren kann.

Roland Mack wurde einmal in einem Interview gefragt, ob es bei den Macks wie bei den Ewings aus der Fernsehserie Dallas zugeht. Er musste bei der Vorstellung lachen und konnte nicht dementieren, dass es da Parallelen gibt.

Die vier Ms

Roland Mack fährt in seinem Golfcar lautlos durch den Park, schlängelt sich gut gelaunt durchs Gewühl, grüßt nach links und rechts, immer mal wieder spricht er Besucher an. Wenn sie kein Deutsch verstehen, versucht er es auf Englisch oder Französisch. Wo kommen Sie her, wie haben Sie das erste Mal von uns gehört? Wie lange bleiben Sie? All das will Roland Mack von den manchmal verdutzten Besuchern wissen. Das Bild hat er längst kultiviert. Das ist seine persönliche Feldforschung, seine Marktanalyse. Spontan, subjektiv, aber für ihn wichtig, um ein Gefühl für das tägliche Geschäft zu bekommen: Wer sind die Parkbesucher und was wünschen sie sich, wo gibt es vielleicht Kritik? Roland Mack ist neugierig auf die Menschen, die in seinen Park strömen, er will sie und ihre Erwartungen kennenlernen und er freut sich, wenn sie ihn erkennen. Er kann davon schwärmen, dass es doch der schönste vorstellbare Beruf sei, Menschen eine schöne Zeit zu bereiten. Er hat diese Gastfreundschaft verinnerlicht und in den Merksatz der »Vier M« gegossen: »Man Muss Menschen Mögen.« Wem das schwerfällt, der ist in der Freizeitindustrie wohl auf Dauer nicht gut aufgehoben. Mack wird nicht müde, diese Formel unentwegt seinen Mitarbeitern zu predigen. Es ist wahrscheinlich eine nicht zu unterschätzende Leistung in Deutschland, das ja bis heute gerne als Servicewüste bezeichnet wird, den Dienstleistungsgedanken schon vor Jahrzehnten so bedingungslos verfolgt und etabliert zu haben. Im BWL-Seminar würde man das, was der Park betreibt, wohl radikale Kundenorientierung nennen. Die Macks haben dieses Erfolgsgeheimnis schon in den 60er-Jahren in den USA kennengelernt. Den

Park mit den Augen der Besucher zu sehen, das ist es, was Roland Mack seiner Belegschaft versucht vorzuleben.

Dass der Chef seinen Gästen so zugewandt ist, ist auf der anderen Seite auch ein großes Plus für die Öffentlichkeitsarbeit des Parks. Der Europa-Park hat ein Gesicht, anders als die meisten der heute anonymen Konzerne wie Disney oder Six Flags. Hier gibt es einen Gastgeber, der mit seinem Namen dafür steht, dass sich die Besucher auch wohlfühlen. Das wirkt sympathisch, persönlich, und – heute ganz wichtig – autenthisch; es passt gut in die Zeit, in der Großunternehmen zunehmend mit Argwohn beobachtet werden.

Roland Mack kann auf Menschen zugehen, egal wen er vor sich hat. Im Gemeinderat, bei Preisverleihungen und Galas geht er mit ungeheurem Charme auf die Menschen zu, egal ob es Ruster Bürger, Parkbesucher, Politiker oder Prominente sind. Henry Maske, ein Freund der Familie, erinnert sich, wie Roland Mack ihn zum ersten Mal bei der Bambi-Verleihung getroffen und eingeladen hat, einmal den Park zu besuchen. Es gebe ja viele, sagt Henry Maske, die einem bei so einer Preisverleihung schmeicheln, der entscheidende Unterschied aber war, dass die Freundschaft bestehen blieb, als der Box-Weltmeister nicht mehr so sehr im Mittelpunkt stand. Maske, der heute Franchisenehmer bei einer bekannten Fastfood-Kette ist, bewundert Roland Mack für sein Lebenswerk als Unternehmer und er sagt, er habe sich auch einige Ratschläge bei ihm geholt. Mack bewundert den erfolgreichen Sportler ebenfalls und ist voller Respekt, dass er sich nach der Karriere auch als Geschäftsmann etablieren konnte. Es ist offenbar eine Freundschaft auf Augenhöhe.

Auch Moderator Ingo Dubinski, früher mit seiner täglichen Show Wunschbox ständig zu Gast im Park, sieht

Roland Mack als einen Freund, der auch in Krisen zu ihm hielt. Dubinski, damals eines der bekanntesten Fernsehgesichter, verlor seine Sendung, als im Jahr 2001 bekannt wurde, dass er in den 80er-Jahren Mitarbeiter der Stasi war. Dubinski hat sich hiervon nie wieder erholt, obwohl später klar wurde, dass er mit seiner fragwürdigen Tätigkeit in jungen Jahren niemandem geschadet hatte. Er erinnert sich, Roland Mack sei damals einer der wenigen gewesen, der sich für die vollständige Geschichte interessiert habe.

Nun ist es heute für den Chef des größten Freizeitparks leicht, sich mit Prominenten und Sternchen zu schmücken. Die Kanzlerin macht im Wahlkampf Station im Park und sogar der Liedermacher Konstantin Wecker präsentiert hier ein Projekt mit dem chinesischen Nationalzirkus zum ersten Mal der Öffentlichkeit. Luc Besson, der französische Starregisseur, ist Partner des Fahrgeschäfts *Arthur – im Königreich der Minimoys.* Das war allerdings nicht immer so. Es gab eine Zeit, in der ein Freizeitpark in der Öffentlichkeit wenig Glamour ausstrahlte und eher den halbseidenen Geruch von Tingeltangel und Schaustellerbuden hatte. Roland Mack hat diese Ablehnung immer gefuchst, wie er sich auch über das abschätzige Urteil gegenüber Schaustellern geärgert hat. Marianne Mack erinnert sich an die Zeit der Ablehnung, als weder Presse noch Fernsehen würdigen wollten, was sie und ihr Mann in Rust aufgebaut hatten, und manches Sternchen auf einer Gala auf die Einladung der Macks nur geantwortet hat: »Nein, das ist nichts für mich.« Unermüdlich hat er für seinen Park geworben, hat Prominente und Meinungsführer nach Rust geladen, so offensiv, dass es seiner Frau oft schon peinlich war. Aber wichtig sei ihm auch der Kontakt zu alten Freunden, betont der Parkchef. Roland Mack schreibt ihnen Briefe und lädt sie immer wieder in den Park ein. Einmal im Jahr kommen die alten Studienfreunde aus der Karlsruher Zeit im Park zusammen. Mack pflegt den Kontakt zu den Fussballkumpels und ihren Familien. Jugendfreund Edgar Böhm, heute Wirt in Sigmaringen, schickt ihm »Care-Pakete« mit gesunden Tees und Lebensmitteln. Roland Mack freut sich über die Geste, auch wenn er in zig eigenen Restaurants essen gehen könnte.

Manchmal kommen die großzügigen Einladungen der Macks in der Öffentlichkeit als Versuch der Landschaftspflege an. Und natürlich kann man darüber die Nase rümpfen, dass etwa Pressevertreter mit einer Begleitperson grundsätzlich freien Eintritt erhalten. Für Roland Mack, der ja nicht naiv ist, ist es natürlich Teil einer Strategie, aber auch Demonstration seiner Firmenphilosophie, immer ein guter und großzügiger Gastgeber zu sein. Mack betont, er habe für Gastfreundschaft nie eine Gegenleistung erwartet.

Diese Haltung kommt natürlich auch in den Sphären der DAX-Vorstände und des Showbusiness an, von denen er schon manchen auf seinen privaten Hof in Simonswald eingeladen hat. Im umgebauten Kuhstall des alten Hofs haben schon Hartmut Mehdorn, Jürgen Weber, Wendelin Wiedeking gesessen und lange gefeiert. Sie mögen die unkomplizierte, direkte Art von Roland und Marianne Mack. Roland begegnet ihnen so unverstellt wie dem Besucher im Park. »Die guten Oberen Zehntausend«, sagt er etwas tautologisch, »das sind tolle Leute.« Er kann es sich heute leisten, sich mit denen aus seiner Sicht »Guten« zu umgeben.

Das klingt naiver, als es ist. Denn natürlich weiß einer wie er, dass einem die Gunst, die man in diesen Kreisen erhält, auch schnell wieder entzogen wird und manche Herzlichkeit ein knappes Verfallsdatum hat. Deshalb bewahrt er sich immer einen Rest Skepsis. Enttäuschen lasse er sich nicht so leicht, sagt Roland Mack abgeklärt, dazu halte er dann wieder genug Distanz, glaubt er. Sein Talent im Umgang mit Menschen war seinem Vater nicht gegeben – sagen alle, die beide aus nächster Nähe gekannt haben. Franz Mack war grob mit Mitarbeitern wie Verhandlungspartnern, und oft war es schon bei der Gründung Roland Mack, der den Streit mit der Gemeindeverwaltung, dem der Vater nicht aus dem Weg gehen konnte, hinterher wieder geglättet hat. Der Welt aus Prominenz und Showgeschäft, in die Roland Mack scheinbar so mühelos eingetaucht ist, misstraute der bodenständige Senior, wäre es nach ihm gegangen, würden Stars und Sternchen heute nicht das ganz Jahr über im Park ein- und ausgehen.

Roland Mack geht anders mit Menschen um. Auch wenn es hart auf hart kommt, und das kann in diesem Geschäft schon einmal vorkommen, halte Mack im Zweifel mehr von Verhandlungen als von Prozessen, berichtet sein Anwalt, Michael Thoma, der nur ein- oder zweimal die Robe überstreifen musste, um eine geschäftliche Auseinandersetzung des Europa-Park vor Gericht auszutragen. Alle anderen Auseinandersetzungen habe man am Ende einvernehmlich klären können, sagt Thoma.

Leben ist lernen

Es ist ein heißer Sommertag im August, selbst im klimatisierten Audimax der Karlsruher Hochschule KIT schwitzen die Studenten. Heute ist Zeugnistag, die Absolventen der

Fakultät erhalten ihre Urkunden, Bachelor und Mastergrade werden verliehen, vor allem aber die Doktorwürde. Immer in Fünfergruppen kommen sie auf die Bühne und werden kurz interviewt: Was war das Thema ihrer Arbeit, was sind ihre weiteren Pläne, wo soll es beruflich hingehen? Die meisten der vielen jungen Männer und wenigen Frauen sagen, sie gingen jetzt zu Automobilzulieferern oder als Elektrotechniker zu Siemens und Daimler. Manche haben schon die Zusage eines Fraunhofer-Instituts in der Tasche und freuen sich auf eine Karriere in der Forschung.

Den Wunsch, Achterbahn- oder Karusselbauer zu werden oder Grundlagenforschung für neue Fahrgeschäfte zu betreiben, hat keiner bei der Zeugnisübergabe geäußert, schon gar nicht, dass er in die Geschäftsführung eines Unternehmen der Freizeitindustrie einsteigen möchte. Deshalb darf man durchaus gespannt sein, wenn Roland Mack ans Rednerpult tritt.

Auch für ihn ist dieser Tag im August wichtig. Ihm wird an diesem Tag die Ehrendoktorwürde verliehen. Für ihn, der als erster in der Familie eine Hochschule besuchte, das Studium gegen den Widerstand des Vaters durchsetzen musste, eine ganz besondere Ehre. Seit Jahren fördert er hier besonders talentierte Bachelor-Studenten der Ingenieurwissenschaft mit einem nach ihm benannten Stipendium. Man muss diese Förderung weniger als Nachwuchsförderung von Ingenieuren für den eigenen Betrieb ansehen. Denn realistisch betrachtet, sind die wenigsten Mitarbeiter im Park Ingenieure. Er sieht es vielmehr als eine Form der Dankbarkeit, die er ganz im amerikanischen Alumni-Sinne seiner Hochschule entgegenbringt. Und die Zuneigung zu einem Fach, von dem er sagt, dass es ihm neben dem technischen

Verständnis vor allem die Fähigkeit zu strukturiertem Denken gegeben hat.

Trotzdem ist Mack in diesem Umfeld für viele Studenten eher ein bunter Hund, einer von der leichten Muse. Ist man dafür Ingenieur geworden, um später zwischen Achterbahnen und Entertainment-Tempeln zu arbeiten, mag mancher von ihnen denken.

Dann holt Mack sein Redemanuskript hervor. Das eine Bein vor das andere gestellt, die Lesebrille, wie einst der Fernsehmoderator Erich Böhme schwingend, erzählt er mit der etwas rauen, markanten Stimme von seinem Lebenswerk, dem Park. Im Hintergrund laufen zur gleichen Zeit bunte Bilder von lachenden Familien, Artisten und Achterbahnfahrten über die Leinwand. Er berichtet, dass er fast alles, was ihn heute befähigt, so erfolgreich zu sein, damals an der Technischen Hochschule in Karlsruhe gelernt habe, auch wenn er es ganz anders eingesetzt hat, als vielleicht von Professoren damals gedacht. Vor allem, sagt Roland Mack, habe er gelernt zu lernen.

Seine Botschaft an diesem Nachmittag: »Mit dem, was ihr hier gelernt habt, steht euch tatsächlich die ganze Welt offen. Eine größere Welt jedenfalls als nur Labore, Planungsbüros und Konzernzentralen.« Die Botschaft kommt an. Es ist auf eine Art ein befreiender Applaus, der da am Schluss durch die Reihen des Auditoriums geht.

»Lernen ist wie Rudern gegen den Strom«, hat der Komponist Benjamin Britten einmal gesagt, »wer damit aufhört, treibt ab.« Roland Mack hat das, wie manch anderes auch, intuitiv begriffen. Er sagt, das Studium damals sei ihm nicht leicht gefallen, aber bis heute nutzt Roland Mack die Fähigkeit, die jeden erfolgreichen Unternehmer ausmacht, sich unbekannte Fachgebiete zu erschließen, sich Neues anzueignen und zu erfragen. »Wir machen jetzt gerade das, was denken sie dazu? Wie läuft das in ihrer Branche, wissen sie, wen man da fragen kann?« Roland Mack hat dabei keine Angst, »dumme Fragen« zu stellen, denn er weiß, die gibt es nicht. Wer ihn zum ersten Mal trifft – das gilt übrigens auch für Journalisten –, wird am Anfang kaum dazu kommen, eine Frage an ihn zu richten. Anders als andere Unternehmenslenker, die gerne über Erfolgsrezepte und große Leistungen referieren, interviewt er seinerseits Menschen, die er trifft, und verschafft sich so ein ungeheures Wissen über Bereiche, mit denen er sonst nicht in Berührung kommt. Er ist ein neugieriger Mensch und, was vielleicht noch erstaunlicher ist, er hat sich diese Neugierde über all die Jahre bewahren können.

Das ist Teil seines Erfolges. Wenn er sich auf neues Terrain vorwagt, liest er natürlich Fachpublikationen und lässt sich von Mitarbeitern berichten. Aber er fragt auch jeden, von dem er denkt, dieser könne etwas zu dieser Fragestellung beitragen. »Ich kenne niemanden, der sich so schnell einen Überblick über ein Thema verschaffen kann, indem er verschiedene Quellen anzapft«, sagt einer seiner engen Berater. Das sei schon eine ganz eigene Methode – und sie funktioniert so: »Zum Detailwissen gibt es für mich keine Alternative. Man muss rein in die Themen, nur dann kann man Aufgaben verteilen und die richtigen Fragen stellen«, sagt Roland Mack. Und es ist erstaunlich, wie breit er dieses Prinzip in seinem Park, in dem so viele Disziplinen zusammenkommen, anwendet. Ob es um Buchhaltung, Baurecht, Bauplanung, Bettenkalkulation, Inneneinrichtungen oder Architekturgeschichte geht, von technischen Details, die ihm als Ingenieur ohnehin naheliegen, ganz zu schweigen. Der Moderator Ingo Dubinski nennt seinen Freund Roland Mack deshalb ein »lebendes Fragezeichen«. Dabei bezieht Mack bewusst konträre Meinungen in den Entscheidungsprozess mit ein.

Lange in seinem Leben war der Vater der wichtigste Diskussionspartner. Schon der junge Roland hat die Auseinandersetzung ums Geschäft mit seinem Vater gesucht, oft mit ihm um Entscheidungen gerungen, bis kurz vor dessen Tod hat er seine Meinung in alle Entscheidungen miteinbezogen. Es heißt, kluge Chefs organisierten sich den Widerspruch selbst. Das tut Roland Mack immer wieder, indem er bewusst Menschen aus fremden Bereichen um ihre Meinung fragt oder auch durch die Art der Frage Oppostion provoziert, selbst dann, wenn die Experten im Haus längst der Meinung sind, es lägen alle Fakten auf dem Tisch und es wäre Zeit zu entscheiden. Bleibt Widerspruch aus, wirkt er manchmal enttäuscht. Er ist davon überzeugt, dass nur in der kontroversen Diskussion alle möglichen Schwierigkeiten eines Projekts in die Überlegungen mit einbezogen werden können.

Zu diesem Mack'schen System der »Checks und Balances« gehört schon lange eine konsequente Marktforschung. Was heute Standard in jedem Unternehmen ist, hat der Park bereits in den 70er-Jahren angefangen. Die Macks fragten die Besucher damals schon nach ihren Erwartungen und dem Besuchsverhalten. So wissen sie heute genau, wie viele Besucher eine Loopingachterbahn besteigen würden, noch bevor sie gebaut wird. Solche Erkenntnisse, gepaart mit den eigenen Statistiken, fließen in jede Entscheidung mit ein, bevor Roland Mack am Ende doch seinem Bauchgefühl vertraut, ob ein Projekt erfolgsversprechend ist, oder nicht.

Trends erspüren, den Zeitgeist ganz intuitiv mit aufnehmen, darin sieht der Chef auch heute noch eine seiner wesentlichen Aufgaben. Denn ein Freizeitpark muss diese Stimmungen möglichst frühzeitig erkennen. Darum hat sich das Unternehmen in den 90er-Jahren als einer der ersten Parks von seiner Delfinshow getrennt. Proteste der Tierschützer gab es schon damals und heute ist es für Parks und Zoos mit hohen Auflagen verbunden, solche Tiere zu halten. Und so steht auf dem Gelände des ehemaligen Delfinariums im Park inzwischen die *Euro-Mir*. Es geht in diesem Geschäft um eine möglichst breite Akzeptanz der Gäste, und da ist es wichtig, auf veränderte Lebenseinstellungen der Menschen zu reagieren. Schon deshalb versucht Mack gesellschaftliche Strömungen zu identifizieren und sich immer zu fragen, was das für den Park bedeutet.

Zum persönlichen Lernprogramm von Roland Mack gehört es aber auch, gelernt zu haben, sich und seinen Park auf jedem Parkett angemessen in Szene zu setzen. Der sichere Auftritt im Showgeschäft, bei Fernsehgalas und der Versammlung von Wirtschaftskapitänen war dem Waldkircher nicht unbedingt in die Wiege gelegt. Ein gewisses Talent aber, sich zu inszenieren, hatte Roland Mack wohl schon zu Jugendzeiten. Auch ein gut entwickeltes Selbstbewusstsein hat dabei geholfen, wie auch die Fähigkeit, Menschen für sich zu gewinnen.

Heute ist Roland Mack der erste Öffentlichkeitsarbeiter des Parks. Auch auf der politischen Bühne in Berlin, wo er in Hintergrundkreisen der Kanzlerin gehört wird oder bei den Branchenauftritten, die er 2012 während seiner Präsidentschaft der IAPPA, des internationalen Branchenverbandes der Freizeitindustrie, absolviert hat.

Für diese persönliche Entwicklung steht auch die Ehrendoktorwürde, die er an diesem Sommertag in Karlsruhe erhalten hat. Er ist mit dem Park aus dem Handwerksbetrieb in Waldkirch herausgewachsen und heute ein gutes Stück in der Welt zu Hause.

Pragmatisch, leidenschaftlich, katholisch

Es war im zweiten Jahr seit der Eröffnung. Eines Tages stand sie einfach an der Kasse, diese resolute Frau, und verlangte den Geschäftsführer zu sprechen. Ihr Bus aus Basel sei voll mit lauter Kindern, die nichts haben, und sie habe leider nicht das Geld für den Eintritt. Was man denn da machen könne, fragte die kleine Person und hatte auch schon gleich eine Antwort. Sie wollte keine Almosen, sondern bot Roland Mack, den sie nicht lang siezte, ein Geschäft an: »Du musch mi nur koschtelos nie losse, dann mach ich in ganz Basel Werbung für Euch.«

Es war ein Angebot, das Roland Mack nicht ablehnen konnte, er ließ Selma Ratti und ihre Schützlinge kostenlos in den Park. Die Frau in der Tracht hielt sich an ihren Teil der Abmachung. An ihrem Popcornstand auf dem Basler Petersplatz, wo sie jeder als »s'Selmeli« kannte, warb sie von da an unermüdlich für den Freizeitpark in der Ortenau. Damit hat sie, gerade in der Anfangszeit, in der das Budget der Macks für Werbung knapp war und die Familie die Flyer oft noch selbst in den Geschäften ausgelegt hat, sicher einen wichtigen Beitrag zum Marketing in der Schweiz beigetragen. Zumindest im deutschsprachigen Teil des Landes ist der Park heute ungeheuer populär. Da es in der Schweiz kein vergleichbares Angebot gibt, betrachten die Eidgenossen ihn heute auch als »ihren Park«.

Vor allem aber hat Selma Ratti mit ihrer zupackenden Art ihr Leben lang viel für andere Menschen getan. 48 Pflegekinder hat sie in ihrem Haus, mitten in der Basler Innenstadt, selbst aufgezogen. Dort waren auch Ziegen, Hühner und Katzen ihre Hausgenossen. Sie ist ein Basler Original, das bei Roland Mack, seit dem ersten Auftritt damals, großen Eindruck hinterlassen hat. Über die Jahre hat sich Selma Ratti mit der Familie Mack angefreundet und durfte mit ihren Schützlingen immer wieder kommen. 600 Fahrten hat sie in ihrem Leben in den Europa-Park organisiert, immer hatte sie Kinder, Alte oder Behinderte dabei, die dort kostenlos einen Tag verbringen durften. In späteren Jahren gab sie ihre Schützlinge bloß noch an der Kasse ab und legte sich im Privathaus der Macks ein wenig zur Mittagsruhe.

Selma Ratti ist vom gleichen Schlag wie Roland Mack. Direkt, zupackend, ohne Allüren, eine, die das Herz am rechten Fleck hat, wie man so sagt. Sie hat damit nicht nur für ihre Schützlinge einiges erreicht, sondern mit ihrem Auftritt damals auch ganz früh das soziale Engagement der Macks und des Europa-Park angestoßen, das sich heute in unzähligen Projekten und Veranstaltungen zeigt. Tausende Kinder aus schwierigen Verhältnissen besuchen den Park während der Sozialwochen jedes Jahr kostenlos und auch andere Sozialeinrichtungen der Region werden regelmäßig in den Park eingeladen.

Die Wohltätigkeit der Macks entspringt einer bodenständigen Religiosität, deren Zeichen sich in den privaten Räumen wie auch im Park finden. So gibt es auf dem Gelände eine geweihte Kirche und mehrere Kapellen, die von zwei Diakonen ökumenisch betreut werden. Immer mehr Menschen lassen sich im Park trauen. Man kann das nüchtern als weitere Attraktion mit ernstem Hintergrund betrachten, aber tatsächlich machen die beiden Diakone auch ganz bodenständig seelsorgerische Arbeit für die Parkbesucher. Ernst Heller, der vom Vatikan beauftragte Priester der Schausteller, hat sich für die Diakoniestellen beim Freiburger Erzbischof eingesetzt. Er sagt, es sei wichtig, mit dem Glauben dahin zu gehen, wo die Menschen gerne sind, eben mitten im Leben. Und so sind die Kirche und die Kapellen längst zum Ruhepol für viele Besucher geworden, von denen manche auch inmitten des Trubels tatsächlich das geistliche Gespräch suchen.

Die Diakone im Park sind ein gutes Bild dafür, wie Roland Mack Glauben versteht. Er und seine Frau sind katholisch erzogen worden, Roland war oft mit seiner Großmutter morgens in der Frühmesse und später auch Vorbeter in der Kirche.

Dieser bodenständige Katholizismus ist im Elztal bis heute verwurzelt, war dort immer Teil des Alltags. Heute bekennt Roland Mack schon mal, dass er einer konventionellen Messe nur mehr mit Mühe folgen kann, weil er schnell abgelenkt ist. Wichtiger als Rituale und Symbole seien ihm und der Familie da tätige Nächstenliebe, sagt der Schaustellerpfarrer Ernst Heller, der auch persönlicher Seelsorger der Familie Mack ist. Wenn es mehr von Hellers Schlag gäbe, sagt Roland Mack, wären auch die Kirchen voller. Heller, ein temperamentvoller Mann im Pensionsalter, hat die Grabreden für die Eltern Franz und Elisabeth Mack gehalten, er hat die beiden Söhne getraut und Paul, Roland Macks Enkel, getauft. Für die Familie ist der Priester aus der Schweiz ein Berater, längst nicht nur in Glaubensfragen. Er hat Thomas Mack geholfen, die richtige Ausbildung in der Schweiz zu finden, und vermittelt auch während des Übergangs in der Geschäftsführung zwischen den Generationen.

Der joviale Priester kann nicht viel mit zur Schau gestellter Religiosität anfangen. Stattdessen hat er ein breites ökumenisches Verständnis. Seine Schäfchen im Markt- und Schaustellergewerbe sind nicht unbedingt katholisch, oft suchen Muslime oder Buddhisten seinen Rat und Beistand. Der Mann, der stets bunte Hosenträger unter dem seriösen Jackett trägt, misst die Menschen an ihren Taten, und da sei er von der tätigen Nächstenliebe der Macks sehr beeindruckt.

Es ist die zupackende Hilfe, die er an der Unternehmerfamilie schätzt, genau wie die Macks auch ihre Geschäfte führen. So engagieren sie sich sozial an vielen Stellen, nicht zuletzt, indem sie auch Menschen mit Behinderung im Park mit angemessenen Jobs bedenken, die sonst als schwer vermittelbar gelten. Auch deshalb ist Heller über die Jahre zum Seelsorger vieler Künstler und Mitarbeiter im Park geworden. Und wenn er dann zweimal im Jahr, zu Beginn der Saison und an ihrem Ende, zum Künstler-Gottesdienst im Park ruft, strömen so viele Mitarbeiter und Gäste herbei, dass diese farbenfrohe Zeremonie längst nicht mehr in der parkeigenen Stabkirche stattfinden kann, sondern in einer Halle. Heller ist der eine Ort so lieb wie der andere, er freut sich über die große, bunte Gemeinde und packt, wie er es immer tut, am Ende die Klarinette aus.

Man könne die Macks immer um Hilfe fragen, sagt auch Margita Rein, die in Rust die »Schlappe-Gitta« genannt wird und eigentlich auch so ein Original ist wie s'Selmeli.

Sie betreibt mit ihrem Mann ein Schuhgeschäft gleich gegenüber vom Park, der ein Umschlagsplatz für Informationen aus der Region ist. Immer wieder werden Schicksale an sie herangetragen. Familien mit kranken Kindern, die sich keine Therapien leisten können, oder Kinder, die über den Kinderschutzbund vermittelt werden. Solche Fälle trägt sie an die Familie Mack heran, damit den Kindern ein Tag Urlaub im Park ermöglicht wird. Margita Rein sagt, sie habe noch nie ein Nein gehört, was sie sehr zu schätzen weiß.

Marianne und Maurita Mack engagieren sich in diversen Stiftungen, die sich für Kinder in Not einsetzen und konkrete und pragmatische Hilfe anbieten. Da kommen die kleinen Patienten der Nachsorgeklinik in Tannheim regelmäßig nach Rust. Die Familie unterstützt die Arbeit der Klinik für Familien, deren Kinder an Krebs, Herzkrankheiten oder Mukoviszidose leiden, an vielen Stellen.

Natürlich ist der Park ein idealer Schauplatz für Benefiz-Galas mit hoher Prominentendichte, bei denen dann viel Geld für diese Zwecke eingeworben wird. Aber genauso geeignet ist er für Treffen und Feste ganz unterschiedlicher Kindergruppen. So gibt es, ganz nah am europäischen Gedanken, regelmäßige Begegnungstreffen französischer und deutscher Schüler. Es wurde sogar ein Friedenscamp mit palästinensischen und israelischen Jugendlichen abgehalten. Oft nimmt sich Roland Mack die Zeit, um ein, zwei Stunden bei solchen Treffen dabeizusein.

Auch für kulturelle Ereignisse öffnet sich der Park in den letzten Jahren immer mehr. Der Park, der so lange um seine Anerkennung bei Kulturschaffenden kämpfen musste, ist heute Schauplatz für Jazz-Festivals und andere Konzerte, aber auch Ausstellungen von Künstlern wie Tomi Ungerer oder Marc Chagall finden statt. Vortragsreihen, die Marianne Mack mit ihrer Santa-Isabel-Stiftung organisiert, bringen bekannte Autoren wie Werner »Tiki« Küstenmacher oder Walter Kohl, Sohn des ehemaligen Bundeskanzlers, nach Rust.

Selmeli Ratti, die resolute Baslerin, ist vor Kurzem hochbetagt gestorben. Bis zuletzt hatten sie die Macks in ihrem Altersheim besucht. In Rust hat sie durch ihr Engagement Spuren hinterlassen: im sozialen Engagement des Parks, aber auch ganz konkrete, die für jeden Besucher des Parks zu sehen sind. Bis zu ihrem 90. Geburtstag war im Walliser Dorf des Parks eine Straße nach ihr benannt und sogar ein kleines Museum eröffnet worden.

Wer feste feiert, kann auch feste arbeiten

Roland Mack ist immer für einen Seitenhieb gut, wenn er das Gefühl hat, dass seine Leistung oder die seiner Mitarbeiter nicht angemessen gewürdigt wird. Als beim Mutterunternehmen Mack Rides in Waldkirch die neue Werkshalle eingeweiht wurde, sagte Christian von Elverfeldt, der Geschäftsführer des Unternehmens, in einem unbedachten Nebensatz, Mack Rides sei froh über die enge Partnerschaft mit dem Park. Er und die Belegschaft käme immer gerne zu den schönen Betriebsfesten nach Rust. Die Bemerkung war ein gefundenes Fressen für Roland Mack. Er ergriff das Wort und antwortete Elverfeldt: »Lieber Herr Baron, Sie müssen mal zu uns kommen, wenn wir arbeiten. Im Park wird nämlich auch geschafft.«

Ein typischer Mack-Satz. Hatte doch keiner bezweifelt, dass der Park nur mit viel Fleiß und Disziplin funktioniert, am wenigsten Christian von Elverfeldt. Aber die Bemerkung saß und ist ein Signal an die ganze Belegschaft. Soll nur ja keiner glauben, Arbeit im Vergnügungspark sei das reine Vergnügen. Dabei ist Roland Mack kein Asket. Er genießt die Vorzüge, die sein Unternehmen mit sich bringt. Er isst gerne gut, raucht auch mal eine Zigarre und trinkt auch spät am Abend mit seinen Gästen Wein in einer der Hotelbars.

Trotzdem ist der Arbeitsethos der eigentlich katholischen Familie geradezu protestantisch: »Wer feste feiert, kann auch feste arbeiten«. Noch stärker war diese Einstellung bei der älteren Generation ausgeprägt, aber auch Roland steckt sie seit seiner Kindheit in den Knochen. Schaffen, egal, ob am Wochenende oder feiertags, gern auch bis tief in die Nacht. Müßiggang, Ausschlafen oder lange Frühstückstreffen, wie sie bei den Schwiegereltern üblich waren, gab es im Hause Mack nicht. Lob für seine Arbeit hatte man nicht zu erwarten, schließlich gaben doch alle ihr Bestes zum Wohle des Unternehmens.

Peter Reich, Steuer- und Finanzberater der Familie seit der Gründung des Parks, sagt, er habe damals wenig über die Erfolgsaussichten eines Freizeitparks sagen können. Aber ihn habe von Anfang an der Wille und die Disziplin der Familie überzeugt.

Roland Macks Vater, der das Unternehmen in Waldkirch gemeinsam mit seinen beiden Brüdern geführt hat, war schon damals der eigentliche Patriarch und leitete in den Anfangsjahren auch den Park mit harter, aber berechenbarer Hand. Er betrachtete die Mitarbeiter als Teil der Unternehmerfamilie mit allen Vorzügen und Verpflichtungen, die das bedeutet: Für Mitarbeiter hatte man zu sorgen, sie mussten aber auch, ohne Bedingungen, manchmal Tag und Nacht für das Unternehmen da sein, wenn die Arbeit es verlangte. Da fielen auch harsche Worte.

Öfter, so erinnern sich Familienmitglieder, habe sich Roland Mack damals mit seinem Vater darüber gestritten, ob man mit Mitarbeitern so umgehen könne, wie es Franz Mack manchmal tat. Der Vater antwortete, er werde schon sehen, wohin er mit seinen »kommunistischen Ideen« käme. Kommunistische Ideen? Das war damals schon mehr als übertrieben. Aber davon würde heute bei Roland Mack keiner mehr sprechen. Vieles von dem Stil und den Grundsätzen, die der Vater damals vorgelebt hat, hat Roland Mack übernommen und auf die heutige Arbeitswelt angepasst. Harte, klare Ansagen sind typisch für ihn und die Erwartung, dass Mitarbeiter dem Unternehmen auch mal zu 120 Prozent zur Verfügung stehen müssen, ist aus seiner Sicht selbstverständlich. Aber auch die Regel, dass der Chef selbst dieses Engagement vorlebt. Roland Mack ist stets unter den Letzten abends auf Empfängen oder Betriebsfesten, aber morgens wieder der Erste im Park und erwartet das auch von seinen Mitarbeitern. Von ihnen verlangt er die volle Identifikation mit dem Unternehmen.

Für ihn ist es daher unbegreiflich, dass vielleicht nicht jeder im Unternehmen genauso für den Park brennt wie er selbst. Von seinem Vater ist der Satz überliefert: »Ich fordere Leidenschaft ein.« Das tut Roland Mack auch. Denn Mack bringt selbst alle Leidenschaft in diesen, seinen Park ein. Wer eines der vielen Fotos gesehen hat, wenn er neben Prominenten im *blue fire* sitzt und die Fahrt mit nach oben geworfenen Armen genießt, während sich mancher Gast in seinen Sitz krallt, glaubt ihm, dass das mehr ist als ein Marketinglächeln, es ist echte Begeisterung.

Wenn aber ein leitender Ingenieur bei der Jungfernfahrt der neuen Achterbahn lieber in der heimischen Sauna sitzt, als mit Roland Mack vorne im ersten Wagen die Testfahrt zu bestreiten, wird der Chef schon mal laut. Mitarbeiter berichten von den sogenannten »Ferngesprächen«, Telefonate, bei denen man den Hörer möglichst fern vom Ohr hält, wenn der Chef ungehalten wird.

Es geht auch anders. In Freizeitparks im Ausland, berichten Mitarbeiter nicht ohne Neid, seien die Arbeitszeiten der Verwaltung und der Parkbetrieb stärker entkoppelt. So sind in den Sommerferien, wenn im Park Hauptsaison ist, die Verwaltungsbüros von anderen Freizeitparks oft verwaist, ihre Arbeit kann genauso in der Nebensaison erledigt werden. Die Mitarbeiter dort haben normale Urlaubsregelungen. Roland Mack hält davon wenig. Er findet, auch die Leute aus der Verwaltung sollen wissen, wann das Geld verdient wird, nämlich an Wochenenden, in den Ferien und an Feiertagen. Er hält es für wichtig, dass die Belegschaft nicht auseinanderdriftet und der Geist verloren geht. Es soll auch in der Verwaltung nicht aus dem Blick geraten, worum es sich eigentlich dreht: Besucher glücklich zu machen. Deshalb werden Urlaubsanträge in der Hauptsaison nicht immer unterschrieben.

Dass es ein Leben außerhalb des Parks geben könnte, zumindest für die Mitarbeiter, ist für den Chef, der selbst lediglich vom Flüsschen Elz getrennt direkt am Park wohnt, nur schwer zu verstehen und noch schwerer zu akzeptieren. Dass Angestellte, vielleicht nicht ohne Grund, keine Unternehmer sind und deshalb gegenüber dem Park, der ihnen ja auch nicht gehört, nicht die gleiche Leidenschaft entgegenbringen wie der Gründer, auch das kann Roland Mack wohl nur auf der Vernunftebene nachvollziehen. Eigentlich, findet er, müssten alle von dem Produkt so begeistert sein wie er.

Roland Mack ist ein ungeduldiger Chef. Es ist immer anstrengend und oft wird es hektisch mit ihm. Er gehe, sagen alle, die eng mit ihm zusammenarbeiten, ein ungeheures Tempo, er treibt an, wenn alle schon müde sind. Schon zu Vaters Zeiten galt im Waldkircher Betrieb der Satz: »Der Chef verlangt nichts, was er nicht selber bereit wäre zu tun.« Doch dieser Satz ist für Mitarbeiter nicht als Versprechen zu verstehen. Denn er verlangt sich selbst das Letzte ab. Dieser bedingungslose Einsatz des Chefs kann schon mal über die Kräfte der Mitarbeiter, selbst der jungen, hinausgehen.

Im September 2013 hatte Roland Mack zum ersten Mal einen schwereren Unfall, der ihn an das Krankenhausbett fesselte. Im Urlaub stürzte er und brach sich dabei 17-fach die Rippen. Eigentlich Anlass darüber nachzudenken, sich seine Kräfte besser einzuteilen.

Doch nur wenige Tage nach dem Unfall hatte sich die Kanzlerin zum Besuch im Park angesagt. Roland Mack unterschreibt auf eigene Gefahr seine Krankenhaus-Entlassung und empfängt die Kanzlerin unter Schmerzen. Als Angela Merkel die Geschichte hörte, sagte sie ganz fürsorglich: »Danach gehen Sie aber wieder ins Bett.«

Der bedingungslose Einsatz des Chefs soll die Mitarbeiter anspornen. Er könne die Leute in Zeiten, in denen es nicht so gut läuft, enorm motivieren, aber er schafft es auch, in Erfolgszeiten zu verhindern, dass Übermut und Schlendrian einziehen. »Dieses Gas- und Bremse-Spiel beherrscht er ziemlich virtuos«, sagt ein enger Mitarbeiter.

Vertrauen sei die günstige Art zu führen, behaupten manche Management-Theoretiker. Denn das Vertrauen ersetze aufwendige Kontrollsysteme und umständliches Berichtswesen, und es setze ungeheure Motivation bei Mitarbeitern frei. Loyalität und Verbundenheit zum Unternehmen wird im Park und auch bei Mack Rides nicht in erster Linie über hohe Gehälter und Bonuszahlungen hergestellt, sondern über persönlichen Kontakt und im besten Fall über familiäre Verbundenheit. Deshalb ist es Roland Mack wichtig, auch die Familien seiner engen Mitarbeiter zu kennen. Zu wissen, wie es der Frau und den Kindern geht – das erzeugt Verbindlichkeit. Das schließt nicht aus, dass er Mitarbeiter eng führt und sich regelmäßig Bericht erstatten lässt. Vertrauen will verdient sein. Und wer die Dinge nach seinen Vorgaben erfüllt oder den Chef sogar mit den richtigen Ideen überrascht, hat von da an viele Freiheiten.

Die Parkmitarbeiter werden, im Vergleich zu anderen Unternehmen der Freizeitindustrie, gut bezahlt, aber die Leidenschaft des Chefs führt auch heute noch manchmal zu recht entgrenzten Arbeitszeiten, vor allem für leitende Mitarbeiter und Familienmitglieder. Enge Mitarbeiter lassen auch besser spät am Abend noch das Handy an, falls dem Chef ein wichtiger Gedanke durch den Kopf schießt, den er gleich loswerden will. Es gibt keinen Betriebsrat im Park, Funktionäre von Verdi beklagen, der Park sei »gewerkschaftsfreie Zone«. Roland Mack entgegnet, bisher habe es nie den Wunsch gegeben, einen Betriebsrat zu gründen. Man kann getrost unterstellen, dass er darüber ganz froh ist.

All das kann man für ein vormodernes Verständnis von Unternehmensführung halten, aber es hat dem Park fast 40 Jahre einen ungebremsten Erfolg gesichert. Es ist offen, ob das Unternehmen auch in Zukunft so geführt werden kann. Zumindest weiß man von den Söhnen, dass sie ein gewisses Maß an Freizeit und Familienleben, getrennt von der Arbeit, zu schätzen wissen. Vielleicht bringen sie deshalb auch etwas mehr Verständnis für die Wünsche der Mitarbeiter auf, als es heute ihr Vater tut.

Oder aber die Geschichte wiederholt sich. Auch der Vater wurde ja vom Vater einst wegen seiner »kommunistischen Ideen« gescholten.

3.
Tradition in sieben Generationen

Am Anfang steht der Wagen

Das Firmenschild der Heinrich Mack KG in Waldkirch schmückt selbstbewusst eine Weltkugel, darauf steht ein weißer Schaustellerwagen mit gekippten Fensterläden und darunter der schwungvolle Schriftzug: »Die weite Welt ist mein Feld.« Dieses Emblem kann man heute noch an verschiedenen Orten im Park entdecken, etwa an dem historischen Süßwarenwagen, von Rolands Opa gebaut, am Eingang und auch im *Historama*, wo ein Abriss der Familiengeschichte in 3-D aufgeführt wird.

Roland Mack war es schon immer wichtig, daran zu erinnern, dass die Firma aus dem Geschäft mit den Schaustellern gewachsen ist und diese Vorgeschichte den Europa-Park, wie er heute ist, überhaupt erst möglich gemacht hat. Aber es ist vor allem die junge Generation in der Geschäftsführung, Michael und Thomas Mack, die sich auf die historischen Wurzeln besinnen in einem Unternehmen, das eigentlich immer nur in die Zukunft geblickt hat und das für Nostalgie nur wenig Raum hatte.

Aus der Provinz in die Welt, dieser Anspruch ist typisch für viele der heute erfolgreichen, mittelständischen Unternehmen im Südwesten, die sich aus den hintersten Winkeln des Schwarzwalds heraus einen Namen gemacht haben. Da sind etwa die Uhren von Junghans in Furtwangen und die Armaturen von Hansgrohe aus Schiltach, die Musikinstrumente von Hohner aus Trossingen oder Siedle, der Spezialist für Hauskommunikation, aus Furtwangen. Sie alle haben ihre Wurzeln in alten Handwerksbetrieben des 19. oder, wie die Macks, sogar des 18. Jahrhunderts. Heute sind sie weltbekannte Marken und oft die Marktführer und Innovationstreiber in ihrem Segment, nicht immer sind sie noch in der Hand der Gründerfamilien.

Wer wissen möchte, wo die Wurzeln des Europa-Park liegen, muss die weite Welt, wie sie sich heute in Rust vor internationalem Publikum präsentiert, ein Stück hinter sich lassen. Von Rust aus gesehen geht es 20 Kilometer weiter nach Südosten bis kurz vor Freiburg. Hinter den Weinbergen des Dorfes Buchholz mündet die Ebene ins Elztal im Schwarzwald.

Waldkirch, eine Stadt mit 20.000 Einwohnern und einer lichten Barockkirche, dem Kopfstein gepflasterten Marktplatz und der historischen Burgruine auf dem Kastelberg. Es ist aber nicht gerade ein Ort, der schon immer mit der großen weiten Welt in engster Verbindung zu stehen schien. Doch der Eindruck täuscht. Heute ohnehin, wo sich im Städtchen einer der größten weltweiten Hersteller von Opto-Elektronik im Industriegebiet immer weiter ausdehnt. Aber schon im 16. Jahrhundert war der Ort ein Zentrum der Edelsteinschleiferei im Habsburgerreich, später, in der Gründerzeit, etablierte sich im Nachbarort Gutach mit dem Nähwarenhersteller Gütermann sogar ein großer Industriebetrieb, der internationale Handelsbeziehungen pflegte.

Waldkirch hatte sich zu dieser Zeit zu einem wichtigen Zentrum für die Herstellung von Musikautomaten, Dreh- und Orchesterorgeln entwickelt. Eine Branche, die für die Entwicklung der Firma Mack zu einem der großen Karussellhersteller eine wichtige Rolle spielen sollte.

In Archiven hat Willi Thoma, der Anwalt und Vertraute der Familie, die Geschichte des Stammunternehmens bis 1780 zurückverfolgt. Damals machte sich der wandernde Wagnergeselle, Paul Mack, selbstständig. Wagner ist zu dieser Zeit ein angesehener Beruf, besonders das Herstellen von Holzrädern gilt als schwieriges Geschäft, das viel Geschick erfordert. Paul Mack baut Karren und Leiterwagen, Schlitten und Kutschen. Nebenberuflich kümmert er sich als städtischer Brunnenmeister um die Wasserleitungen der Stadt, die damals aus Holz hergestellt wurden. Er gilt als Stammvater des Mack'schen Familienimperiums. Der offensichtlich sehr angesehene Handwerker begründet das Unternehmen, das später in aller Welt für Qualität bei Schaustellerwagen, bei Karussels und Fahrgeschäften steht.

Später m 19. Jahrhundert macht sich der Familienbetrieb Mack einen Namen als Kutschenbauer. Heinrich Mack, im Familienstammbaum als der Erste geführt, Enkel von Paul, erweitert den Handwerksbetrieb, um die ersten Postkutschen bauen zu können, die eine größere Zahl an Passagieren transportieren konnten, damals schon Omnibusse genannt. Um 1880 kommen erstmals Orgelwagen in das Sortiment des Handwerksbetriebs, bald auch erste gestalterische Arbeiten an Karussellen und den prächtig geschmückten Musikautomaten. Die Orgelindustrie in der Stadt steht zu dieser Zeit in voller Blüte, wovon noch heute das Heimatmuseum und ein Orgelfestival, das alle drei Jahre stattfindet, zeugen. Drehorgeln und Musikautomaten sorgen zu dieser Zeit für die Verbreitung von Liedern aus Opern und Operetten, auch für jene Stände, die sich einen Besuch im Konzertsaal nicht leisten können. Die Orchestrions sind sozusagen die Vorläufer der Plattenindustrie. Die Waldkircher Unternehmen, Gebr. Bruder und Ruth, liefern ihre Produkte früh in alle Welt und geben vielen Menschen in der Region Arbeit. Später eröffneten französische, holländische und italienische Firmen Filialen in der Stadt. So entwickelt sich Waldkirch zur Zeit der Industrialisierung, auch dank der Grenznähe, zum internationalen Zentrum für Musikautomaten.

Es ist Heinrich Mack I., der seine Wagnerei für einen neuen Kundenkreis öffnet. Er wird vom damals renommiertesten Orgelhersteller am Ort, Adolf Ruth, gefragt, ob er einen Wagen bauen könne, der in der Lage wäre, eine der riesigen Karussellorgeln zu transportieren. Ein neues Geschäftsfeld für die Macks. Heinrich Mack steigt rasch zum Hauptlieferanten der Orgelfabriken in Waldkirch auf. Er erkennt rasch, dass es bei den Schaustellern weit mehr Bedarf an Wagen gibt als nur fahrbare Untersätze für ihre Orgeln.

Anders als die standesbewussten Orgelbauer hat Heinrich Mack offenbar keine Berührungsängste mit dem »fahrenden Volk«. Der Firmenpatriarch soll ein begeisterter Besucher von Messen und Jahrmärkten gewesen sein. Dorthin liefert er zunächst seine Orgelwagen. Durch seine regelmäßigen Besuche unterhält er bald enge Kontakte zu den Schaustellern und konstruiert die ersten Salon- und Reisewagen für das reisende Gewerbe. Mack inseriert seine Produktpalette in der Schaustellerzeitschrift *Komet*. 1893 heißt es da in einer Anzeige, Mack sei »die empfehlenswerteste Bezugsquelle für Wohn-, Pack- und Mennagerie-Wagen«. Die Firma Heinrich Mack, die lange den Namen des Pioniers führt, wird so zum Hauptlieferanten der Schausteller und das über 100 Jahre lang.

Mit der Jahrhundertwende bricht die Zeit der Zirkusunternehmen an. Die größten unter ihnen, Sarrasani und Krone, organisieren Tourneen in Europa und auch bald in Übersee. Für diese gigantischen Tourneen benötigen sie Sonderfahrzeuge, mit denen Artisten, Wagen, Zelte und Gerätschaften von einem Quartier ins nächste gelangen.

Sie sind die Unterhaltungskonzerne der damaligen Zeit, die bis zu 800 Artisten und Helfer unter Vertrag haben. Sie alle leben auf ihren Reisen in Wohn- und bald auch ausgewachsenen Salonwagen. Die Firma Mack in Waldkirch liefert die maßangefertigten Wagen an die Großen: Krone und Sarrasani, Barum, Busch und Knie. Die Wohnwagen, die anfangs vor allem robust sein sollten, müssen nun immer höheren Ansprüchen genügen. Es entstehen fahrende Paläste mit Parkett und Kamin im Salon und später auch mit eingebauten Toiletten. Ausgetüftelte Systeme erlauben es, das Wohnzimmer am Standort zu verbreitern, manche haben gar eine ausfahrbare Veranda. So ein Wagen ist nicht selten über 13 Meter lang. 8.000 Stunden Handarbeit und viel Wagenmacher- und Einrichtungs-Know-how stecken in jedem von ihnen. Im Wagenbau müssen verschiedene Handwerke eng zusammenarbeiten. Dieses Verbinden von unterschiedlichen Disziplinen wird zum bestimmenden Prinzip aller künftigen Unternehmungen der Macks.

Die Wagen gelten bis heute als die besten und teuersten der Branche, sie sind oft teuerer als eine Wohnung aus Ziegeln und Mörtel. Viele der Wagen sind heute noch unterwegs oder im Besitz von Sammlern, wie dem Gründer des Roncalli-Zirkus, Bernhard Paul. 80 Jahre später wird es Roland Mack sein, der den Wagenbau einstellt. Denn zu diesem Zeitpunkt gibt es immer weniger Zirkusbetriebe und der Rückgang des Schaustellergewerbes ist deutlich zu erkennen.

»Der Zirkus ist in der Stadt«, den Ruf haben alte Waldkircher noch im Ohr. In der kleinen Stadt hörte man ihn bis in die 60er-Jahre des 20. Jahrhunderts viel häufiger als in anderen Städten dieser Größe. Vor allem im Winter. Denn damals überwinterten viele Artisten und manchmal ganze

Zirkusbetriebe bei der Firma Mack in Waldkirch. Auf Sonderzügen oder über die Straße kamen sie ins Elztal, stellten ihre Wagen auf dem Firmengelände der Macks ab und brachten die Requisiten und Zelte über den Winter in den Werkshallen unter. Der Liliputanerzirkus Schneider – so etwas gab es tatsächlich noch Jahrzehnte nach dem Krieg – war beispielsweise jedes Jahr Stammgast auf dem Werksgelände der Macks. Die Schneiders gingen später den gleichen Weg wie die Macks und gründeten 1971 den Holiday-Park in Hasloch in der Pfalz, wo das Liliputanerdorf bis in die 80er-Jahre eine bedeutende, wenn auch ethisch fragwürdige Attraktion darstellte.

Im Betrieb von Heinrich Mack gingen damals die Spitzen der europäischen Schaustellerszene ein und aus. Im Wohnzimmer werden Geschäfte per Handschlag abgeschlossen. Das Geld, mit dem die Salonwagen bezahlt werden, wird in Koffern herangetragen, es werden Wechsel ausgestellt und machmal gibt es auch einen handfesten Streit über die Höhe der Rechnungen. Die Hersteller müssen ihren Kunden oft auf die Jahrmärkte hinterherreisen, damit sie überhaupt an ihr Geld kommen. Und nicht selten müssen bei Zahlungsverzug sogar die Wagen gepfändet werden oder sie werden erst gar nicht ausgeliefert.

Schon in den 20er-Jahren stieg Mack Waldkirch dann, neben dem Wagenbau, in einen weiteren Produktionszweig ein. Die Konstruktion von Fahrgeschäften, den sogenannten »Fliegenden Bauten«. Schon eine ganze Weile hatte das Unternehmen allerlei Karussellaufbauten für Schausteller gefertigt, Schlitten, Kutschen und Karusselltiere aller Art. Roland Macks Großvater Heinrich, nach dynastischer Zählung der Dritte, baute vor dem Zweiten Weltkrieg dann die ersten kompletten Fahrgeschäfte für Jahrmärkte: Karussells, Benzinbahnen und auch Autoscooter. 1921 wird die erste Holzachterbahn der Firma fertiggestellt, 1936 folgt die erste Benzinbahn.

Der Zweite Weltkrieg bedeutet einen großen Einschnitt für das Waldkircher Unternehmen. Wie in den meisten Familien, werden auch bei den Macks die Söhne zum Kriegsdienst herangezogen. Bald muss Heinrich Mack den Tod eines seiner Kinder beklagen. Alfred Mack fällt 1943, er galt als der künstlerisch talentierteste der Brüder, er war ein begabter Maler und Zeichner. Heinrich Mack führt das Unternehmen in der Kriegszeit weiter. Volksbelustigung wird von der Propaganda des Dritten Reichs ernst genommen. Sie soll die Menschen vom Grauen und den Entbehrungen des Kriegs ablenken und so die Wehrkraft erhalten. Gleichzeitig wird sie von der Staatsführung zunehmend für Propaganda genutzt. Deshalb gab es auch in Kriegszeiten, wenn auch in viel bescheidenerem Rahmen, lange Zeit Volksfeste und so kann das Geschäft bei den Macks, zumindest in geringem Maß, weitergehen. Auch während des Weltkriegs konnten die Artisten mit Tieren und Zelten bei den Macks unterkommen. Dort sind sie einigermaßen sicher und der Betrieb kann kleine Reparaturarbeiten vornehmen.

Es gelingt Heinrich Mack, nach allem was heute bekannt ist – und das ist aus dieser Zeit, da Quellen und ein Familienarchiv fehlen, nicht allzu viel –, sein Unternehmen auch deshalb zu erhalten, weil er einen engen Kontakt zu Paul Damm hatte, dem Leiter des in die Reichstheaterkammer eingegliederten »Reichsverband des Ambulanten Gewerbes«. Zusätzliche Absicherung des Betriebs bringt der Bau von Büro- und Unterkunftswagen für die Wehrmacht. Er sicherte dem Unternehmen seine Stellung als kriegswichtiger Betrieb. Spezialisten des Unternehmens wurden zum Teil vom Kriegsdienst zurückgestellt, weil sie als »unabkömmlich« eingestuft wurden. Sonst arbeiten in dieser Zeit vor allem Kriegsverletze und ältere Männer in der Firma. Sie kommen zu Fuß und mit dem Fahrrad, täglich mehrere Kilometer aus dem Elztal nach Waldkirch. So konnte der Bau von Fahrgeschäften, erinnert sich Roland Macks Onkel Willi, und der Wagenbau auch in dieser Zeit weitergehen, wenn auch in viel geringerem Umfang. Das Unternehmen beschäftigt wenige französische Kriegsgefangene, die nach dem Krieg offenbar zugunsten Heinrich Macks ausgesagt haben. Das half, die Verluste durch die Demontage der französischen Behörden in Grenzen zu halten.

Willi Mack ist zu dieser Zeit als Soldat in Italien. Ihm gelingt zum Ende des Kriegs die Flucht. Die Brüder Franz und Hermann Mack sind in Kriegsgefangenschaft. Franz war erst in Afrika, dann in den USA, später im Elsass interniert. Den Brüdern gelingt es, nach Ende des Krieges, beim gleichen Handwerker nahe dem Rhein ihre Internierung abzusitzen. Und sie schaffen es, bei Nacht über den Rhein zu fliehen. Mit Hilfe der Familie und der Schaustellerfamilie Bornhäuser gelangen sie nach Frankfurt in den Amerikanischen Sektor, wo sie vor der französischen Militärpolizei sicher sind. Dort, bei den Bornhäusers, wohnen die Brüder in einem Wohnwagen aus dem Hause Mack und warten darauf, nach der Währungsreform 1948 nach Waldkirch zurückkehren zu können und endlich im väterlichen Betrieb zu arbeiten.

In der Zeit nach dem Weltkrieg springt das Gewerbe der Schausteller und Zirkusunternehmen schnell wieder an. Die

Macks können die Kontakte zur internationalen Schaustellerszene, die den Krieg überdauert hatten, wieder aufnehmen. Vor allem Schausteller aus der Schweiz, Italien und Frankreich bestellen jetzt bei Macks die ersten Fahrgeschäfte nach dem Krieg.

Das Wirtschaftswunder bringt einen ungeahnten Aufschwung für die Schausteller und damit auch für den Waldkircher Betrieb. Der Karussellbau gewinnt für das Unternehmen enorm an Bedeutung. 1951 baut Mack seine erste Bobbahn aus Holz, Vorbild für die *Schweizer Bobbahn*, später eine Attraktion im Park, aus Stahl gebaut. Schon ein Jahr darauf liefern sie zum ersten Mal eine Achterbahn in die USA. Die Heinrich Mack KG baut in den folgenden Jahrzehnten bald 1.000 Autoscooterhallen, entwickelt sie im Sinne des Kunden weiter, sodass sie immer leichter auf- und abgebaut werden können, bis hin zu einer Konstruktion, deren Dach nur noch auf zwei Säulen ruht. Heute gilt die Nachkriegszeit als das Goldene Zeitalter der Achterbahnen. Sie mussten zu dieser Zeit immer schneller und höher werden. Die Menschen hatten Nachholbedarf an Vergnügungen. Zwar hat das Unternehmen Mack mit der *Wilde Maus* selbst einen erfolgreichen Achterbahn-Typ entwickelt, aber die Firma Mack verweigerte sich auch in gewisser Weise der aufkommenden Rekordjagd und setzte weiter auf familientaugliche Fahrgeschäfte. Franz Mack wird dieses Konzept, für eine möglichst breite Zielgruppe zu bauen, auch später verfolgen. Der Europa-Park soll ein Familienpark sein, der ein Gemeinschaftserlebnis für alle Altersklassen ermöglicht.

Das Konzept entsteht auch aus einem ganz persönlichen Grund. Franz Mack, der anspruchsvolle Chef, so berichten es Mitarbeiter aus dem Waldkircher Betrieb, habe von seinen

Mitarbeitern nie etwas verlangt, was er nicht selbst auch bereit wäre zu tun. Er schaut sich die riesigen Rollercoaster in den USA an und sagt: »Da würde ich nie selbst zur Montage hinaufgehen.« Das ist einer der Gründe, warum das Unternehmen fast 50 Jahre braucht, bis sie selbst eine sehr hohe Loopingachterbahn baut.

Doch bei den Herstellungsmethoden gehen die Macks mit der Zeit und dem Zeitgeist. Seit Ende der 60er-Jahre benutzt Mack Polyester als neuen Werkstoff zur Fassadengestaltung der Wagen und Fahrgeschäfte. Als Fassadengestalter arbeiten auch lange Jahre Vater und Sohn Opitz für die Macks mit ihrem eigenen Betrieb auf dem Gelände, sie sind später auch bei der Gründung des Parks dabei.

Bis in die 80er-Jahre baut Mack, neben den Fahrgeschäften, weiter alle Arten von Wagen. Neben den Salonwagen lassen nun auch Jahrmarktgastronome ihre mobilen Restaurants in Waldkirch entwerfen. Es entstehen meterlange Wurstpavillions, mobile Irish Pubs und ganze bayerische Landhäuser auf Rädern. In Waldkirch wird gehämmert und konstruiert. Im Ort schaut man immer neugierig auf das Werksgelände an der Elz, woran wohl bei Macks gerade gearbeitet wird, welche neue Attraktion im Moment entstehen.

Kindheit zwischen *Wilde Maus* und Liliputanerzirkus

Roland Mack wird 1949 in diese Welt der Karusselle und Schausteller hineingeboren. Auf den ersten Blick ein Kindertraum. Neue Bahnen werden erst mit Sandsäcken getestet, dann fährt die Familie Probe, immer gibt es irgendwelche

Gefährte auf dem Gelände, mit denen man Wettrennen veranstalten oder auch mal Crashs inszenieren kann. Als Bub versteckt er sich in den Reisewagen der Schausteller, die zur Reparatur auf dem Gelände des Unternehmens stehen. Mit den Cousins turnt er in den Zirkusrequisiten, wenn die Artisten in Waldkirch ihr Winterquartier errichten. Sie stibitzen die Kostüme der kleinwüchsigen Artisten, die damals in Schneiders Liliputanerzirkus in Waldkirch Station machten, verkleiden sich und spielen allerhand Streiche.

Als das Unternehmen dann 1958 das großzügige Firmengelände in der Mauermattenstraße an der Elz bezieht, ist direkt hinter dem Produktionsbetrieb auch Platz für das Privathaus der Macks. Roland Mack kann nun aus dem Wohnzimmerfenster auf Karussells und Schaustellerwagen blicken, die zu Testzwecken im Hof des Firmengeländes stehen.

Damals werden die Schienen noch in Handarbeit eingepasst. Oft steht im Hof ein Karussell kurz vor der Fertigstellung und die Schulfreunde fragen, ob sie zur Probefahrt kommen dürfen. Fast jedes Wochenende geht die ganze Familie auf Jahrmärkte, sieht Zirkusvorstellungen in Freiburg, Pforzheim, Karlsruhe oder anderswo an. Hier trifft Franz Mack seine Kunden, von denen er viele zu seinen Freunden zählt. Am Ende, beim großen Zirkusfinale, darf der kleine Roland manchmal den Artisten Blumen überreichen.

Eine Kindheit in Glanz und Scheinwerferlicht war es deshalb trotzdem nicht. Wer einmal einen kurzen Blick hinter die Kulissen des Unterhaltungsgeschäfts geworfen hat, weiß, dass es meist nicht besonders glamourös zugeht. Showgeschäft ist harte Arbeit, war es immer, besonders für die Schausteller und Zirkusartisten. Und auch im Waldkircher Betrieb Mack, der Werkstatt der Schausteller, prägt das strikte Arbeitsethos von Franz, die Sparsamkeit des Bruders Hermann und der Fleiß von Willi, der für die Werkstätten zuständig ist, das Unternehmen. Von Glamour keine Spur. Seit dem Tod von Heinrich Mack im April 1958 führen die drei Brüder das Unternehmen. Die herausragende Figur, das sagen alle, die den Betrieb aus der damaligen Zeit kennen, ist dabei von Anfang an Franz Mack. Er ist der unumstrittene Geschäftsführer, wohl auch der mit dem größten geschäftlichen Geschick. Weggefährten und Geschäftspartner von damals beschreiben ihn als jemanden, der für jeden Vorschlag, wie ein Problem gelöst werden könnte, eine genaue Begründung wollte. »Er war immer ein bisschen misstrauisch«, sagt etwa Wirtschaftsberater Peter Reich, der seit damals die Familie begleitet.

Nach dem unternehmerischen Mut seines Vaters gefragt, erzählt Roland Mack gerne die Geschichte aus der Zeit der Gefangenschaft der Brüder Franz und Hermann. Damals, als beide schon im Elsass interniert waren und Kontakt zur Familie aufgenommen hatten, wurde ein Treffen der Kriegsgefangenen mit ihren Lieben am Ufer des Rheins arrangiert. Während die Familie schon wartete, saßen die Brüder auf der einen Rheinseite und überlegten, ob man wohl gegen die Strömung des Rheins anschwimmen könne. Es war Franz, der es als Erster wagte, den Fluss zu durchschwimmen. Als er am anderen Ufer ankam, musste er wieder zurückschwimmen, um dem drei Jahre älteren Bruder zu berichten, dass er erfolgreich angekommen war, um dann erneut – diesmal zusammen mit dem Bruder – durch den Rhein zu schwimmen.

Franz Mack legt einen ungeheuren Arbeitseifer an den Tag. Wenn er nicht den Schaustellern hinterherreist, ist er morgens als Erster im Unternehmen und bis spät in die

Nacht am Zeichenbrett. Die Arbeit steht immer im Mittelpunkt der Familie. Mutter Liesel, obwohl es finanziell nicht notwendig ist, steht weiter hinter der Theke in der Metzgerei ihrer Familie.

Im Familienunternehmen war damals wenig Zeit für die Kinder. Roland ist oft bei seinen Großeltern, der Metzgersfamilie Börschig. Er ist gerne dort, nicht nur, weil es oft Pudding zu essen gab, erinnert man sich in der Familie. Die Großeltern lebten sehr sparsam, um Licht und Heizkosten zu sparen, gingen sie immer früh ins Bett. Der kleine Bub lag dann in der Mitte und ließ sich von den Großeltern Geschichten erzählen. Auch kümmerte sich oft sein Onkel Willi um ihn, der damals einen großen Schäferhund besaß. Von ihm wurde Roland bewacht und später sogar gelegentlich von der Schule abgeholt. 1959 kommt Luise Bammert ins Haus und kümmert sich um die beiden Söhne. Bis zum Tod von Franz Mack, im Oktober 2010, bleibt sie im Dienst der Familie.

Zu Hause herrscht damals das recht strenge Regiment des Vaters, abgemildert von der Mutter und der Kinderfrau. Wenn der Patriarch beim Mittagessen die Radionachrichten hört, haben am Tisch alle zu schweigen. Allerdings ist es auch der Vater, der dem Sohn schon früh eine Modelleisenbahn baut, die das ganze Zimmer und später, im Haus an der Elz, den ganzen Keller ausfüllt. Abende lang liegen der Vater und Roland unter dem Modell und löten Verbindungen oder entwerfen ganze Landschaften.

Bei Gesprächen der Familie am Mittagstisch steht meist das Geschäft im Mittelpunkt. Über Kunden und neue Fahrgeschäfte wird diskutiert und es fällt bald auf, dass Sohn Roland sich früh in diese Gespräche einmischt und sich später auch als einziger traut, dem Vater zu widersprechen. Das ist wohl der Beginn des Diskurses von Vater und Sohn, der bis zu dessen Tod ein Erfolgsgeheimnis der Unternehmerfamilie Mack ist. Heute sagt Roland Mack noch, dass er diese Auseinandersetzungen um die beste Lösung mit seinem Vater vermisst.

Als Kind ist er sehr temperamentvoll, rast früh mit Go Karts über das Firmengelände. Einmal versteckt er sich im Fußraum eines Mercedes und drückt mit der Hand das Gaspedal, während die Erwachsenen glauben, da habe sich ein Wagen ohne Fahrer selbstständig gemacht. Später kommt es bei den verwegenen Fahrten Roland Macks auf dem Firmengelände zu dem einen oder anderen Unfall. Einmal überwindet er mit einem frisierten Go Kart die Treppe zum Büro und durchschlägt mit dem Wagen die Glastür. Der größte Schaden dabei bleibt mit einigem Glück der Glasbruch.

Wenn sich Roland Mack an die wenigen Urlaubsreisen mit der Familie erinnern will, muss er länger nachdenken. Ja, sie seien irgendwann einmal nach Italien gefahren, die ganze Familie samt Freunden und dem Kindermädchen. Er erinnert sich, wie die Familie den Betriebsbus gepackt hat und jede Menge Konserven mitnahm, weil man ja nicht wusste, was man in Italien zum essen vorgesetzt bekommt. Auch im Urlaub war das Geschäft stets präsent. Der Vater habe jeden Jahrmarkt durchstöbert, Fahrgeschäfte begutachtet, mit den eigenen Produkten verglichen und versucht, geschäftliche Kontakte zu knüpfen – die Familie im Schlepptau.

Die große Liebe Roland Macks gehört schon früh dem Fußball. Er kickt in der Schule und nachmittags mit den Angestellten daheim auf dem Werkshof. Als Roland zwölf Jahre alt wird, bekommt er vom Vater aber keinen Fußball oder ein Trikot geschenkt, sondern ein Reißbrett. Nicht unbedingt das Geschenk, das einem Jungen in diesem Alter vorschwebt. Mittags, nach Schule und den Hausaufgaben, soll er nun lernen, wie man damit technische Zeichnungen anfertigt und Karussells entwirft. Doch der will lieber, wie alle Jungs in diesem Alter, mit den Freunden Fußball spielen. Roland Mack muss eine strenge Lektion lernen: »Du bist nicht die anderen«, sagt ihm sein Vater und stellt ihn unerbittlich hinter das Zeichenbrett.

Roland Mack ist der älteste in der siebten Generation, und Franz Mack hat sich mit seinen Brüdern darauf geeinigt, dass nur einer ihrer Söhne das Unternehmen weiterführen kann. Es ist früh klar, dass Franz seinen Sohn Roland für diese Rolle vorgesehen hat. Von einem Freizeitpark redet damals freilich noch niemand. Er wird vom Vater geschickt auf die Aufgabe im Waldkircher Betrieb vorbereitet, der Sohn begleitet ihn früh bei Geschäftsterminen, durchläuft in den Ferien alle Abteilungen im Betrieb, in den Werkstätten der Familie verdient er sich das eher knapp bemessene Taschengeld. Später, als Roland Mack schon auf dem Gymnasium ist, dolmetscht er für den Vater Verhandlungen in Englisch oder Französisch. So wächst er langsam in das Familienunternehmen hinein. Mit 16 wird er das erste Mal auf eine Branchen-Messe geschickt. Er soll die Heinrich Mack KG repräsentieren. Eine Art Feuertaufe mit Tradition. Schon Franz Mack wurde von seinem Vater als Jugendlicher nach Berlin geschickt, wo Mack das erste Mal ausstellte. Der Vater, so erzählt man sich in der Familie, hat dafür seinen ersten Anzug bekommen.

Roland Mack war ein guter Schüler. Im Waldkircher Gymnasium wird er zum Klassensprecher gewählt und dennoch ist er bei jedem Blödsinn dabei. Er zeigt früh Führungsqualitäten. Ihm gelingt es, andere hinter sich zu bringen. In der Schule spielt er in einer Fußballmannschaft, nachmittags führt er eine Art Bande an, die sich mit den Jungs aus anderen Stadtvierteln Schlachten mit Stöcken und Steinschleudern liefert. Derbe Freizeitgestaltung, die damals in den 50er- und 60er-Jahren nicht ungewöhnlich ist.

Roland Mack hat, das ist offensichtlich, schon früh seinen eigenen Kopf. Er weiß sich mit Streichen und allerhand Blödsinn in Szene zu setzen. Führt gefangene Mäuse auf dem Schulgelände spazieren, narrt die eigene Familie mit Verkleidungen. Einmal inszeniert er einen Einbruch im eigenen Haus. Luise Bammert, die Haushälterin und Kinderfrau, die zu diesem Zeitpunkt als einzige im Haus ist, erschrickt schwer, als vor dem Fenster immer wieder Schatten vorbeihuschen, und ruft die Polizei. Sie ahnt nicht, dass es Roland Mack ist. Als die Beamten eintreffen, werden sie vom Sohn des Hauses mit einem Cognac empfangen. Das Verkleiden liegt ihm, er ist in der Narrenzunft in Waldkirch, trägt aber lieber andere Kostüme als das sogenannte Bajass-Häs, weil es ein altes, abgelegtes Kostüm von Mutter Liesel war, bei dem jeder sofort sieht, dass Roland Mack daruntersteckt.

Es sind wohl so etwas wie kleine Ausbrüche aus dem doch engen Elternhaus, die sich Roland Mack mit solchen Streichen und auch der traditionellen Fastnacht ermöglicht. Die 50er- und 60er-Jahre sind eine autoritäre Zeit in der Republik und im kleinen Schwarzwald-Städtchen. An Schulen wird geprügelt oder es setzt »Tatzen«, daran erinnert sich Roland Mack heute noch lebhaft. Als sie in der Schule nach dem Vorbild der Studentenproteste einmal ein »sit in« vor dem Rektoratszimmer organisieren, muss nur einmal kurz der Direktor auftreten, um den Protest zu zerstreuen. Zu Hause gab es keine Körperstrafen, aber strenge Worte. Das Taschengeld ist knapp, Kindermädchen Luise Bammert wird mehr als einmal um einen Vorschuss aus der Haushaltskasse gebeten.

Roland Mack weiß, dass zu Hause und in der Schule von ihm Leistung erwartet wird. Dem Vater darf er nicht mit wirklich schlechten Noten nach Hause kommen. Gelegentlich hilft ihm sein Freund Michael Scholz, dass diese Erwartungen auch erfüllt werden. Michael Scholz wird zum engen Weggefährten Roland Macks. Er gehört praktisch zur Familie. Als der Park gegründet wird, ist er von Anfang an der Mann vor Ort.

Studieren dürfen

In einem Familienunternehmen wird alles am Familientisch besprochen und Roland hat sich früh in diese Gespräche eingemischt und durchaus seine eigene Meinung vertreten. Er solle erst einmal lernen und dann etwas Eigenes abliefern, war da oft die Antwort der Eltern, die er zu hören bekam.

Franz Mack war ein Mann der Praxis. Nach der Volksschule und drei Jahren Gewerbeschule war er Wagen- und Karosseriebaumeister geworden und damit war bereits vor dem Krieg seine Ausbildung abgeschlossen. Doch Franz Mack war wissbegierig, lernte ein Leben lang, konnte Steuerberater mit kritischen Fragen in Erklärungsnöte bringen und manchem Ingenieur den eigenen Bauplan korrigieren. Ein gestandener Handwerker, der aus der Praxis geschöpft hat und bis ins hohe Alter technische und wirtschaftliche Leistungen mit unbestechlichem Blick beurteilen konnte.

So einer hielt ein Leben lang nicht viel von Theorie und akademischen Weihen. Dass sein ältester Sohn auf das örtliche Gymnasium geht, stand in der Familie wohl nie in Frage. Doch ob der Bub anschließend tatsächlich noch studieren muss, das war im Hause Mack keineswegs unumstritten. Einem wie ihm war es schwer zu erklären, warum ein junger Mann auf die Universität gehen sollte, nur damit er später das Gleiche kann, was sich ein Franz Mack selbst beigebracht hat.

Es war der geliebte Großvater mütterlicherseits, der Metzgermeister, erinnert sich Roland Mack, der seinem Enkel immer wieder sagte: »Was Du im Kopf hast, kann dir keiner mehr nehmen.« Er hatte damals versprochen, notfalls das Studium zu finanzieren, falls der eigene Vater dazu nicht bereit sei. Aber angesichts der Sparsamkeit der Börschigs war das wohl kaum zu erwarten.

Natürlich war damals nicht absehbar, wie sich das Geschäft der Macks verändert, dass in Waldkirch einmal Karussellanlagen komplett am Computer geplant werden. Franz Macks Fahrgeschäfte wie die *Eurosat*-Bahn entstanden bis zum Schluss am Reißbrett und im Modell – für ihn war Handarbeit die wahre Leistung. Wenn er später, im hohen Alter, durch die Konstruktionsabteilung von Mack Rides ging, sagte er mit einem Blick auf die Angestellten vor den Bildschirmen nicht nur ironisch: »Die schauen alle nur fern und arbeiten nichts.«

Trotz aller Skepsis des Vaters: 1969 darf sich Roland Mack an der Technischen Hochschule in Karlsruhe zum Studium des Allgemeinen Maschinenbaus immatrikulieren. Die

Hochschule hat einen hervorragenden Ruf, aber sie bietet auch die größte räumliche Distanz, die die Eltern bereit sind zu tolerieren, schließlich sollte der Sohn an den Wochenenden und in den Ferien im Betrieb helfen und nicht zu tief in das Studentenleben eintauchen.

Roland Mack erinnert sich, dass er das Studium anfangs unterschätzt hat: »Ich dachte, das geht weiter wie in der Oberstufe. Von wegen. Das ging gleich los mit höherer Mathematik. Ich hab schon am zweiten Tag nix mehr verstanden.« Er spürt den Druck, auch Versagensängste und Zweifel. Das Studium ist sehr theoretisch, vielleicht hat sein Vater doch recht gehabt, dass man damit in der Praxis nicht allzu viel anfangen kann. Aber er will unbedingt weitermachen. Als erster Mack an der Universität, schon eine schlechte Note würde den Vater in seinen Vorurteilen bestätigen. Das Studium zu schmeißen, kommt schon gar nicht in Frage. Da sie selbst nicht studiert haben, können die Eltern selbst nicht überprüfen, ob der Sohn ein tüchtiger Student ist. Der Vater fragt ab dem ersten Semester immer nur: »Bisch bald fertig?« Weiterhin arbeitete Roland im heimischen Unternehmen, auch um seinen Lebensunterhalt zu verdienen. Wenn er in den Semesterferien in den Betrieb kommt, zieht ihn der Vater auf: »Na, mal sehen, ob der Herr Student noch einen Hammer halten kann.« Am liebsten so, dass es auch die Mitarbeiter hören. Der Vater bleibt skeptisch, nicht nur, weil er nicht glaubt, dass der Bub »was Rechts« auf der Universität lernt. Auch weil ihm das Studentenleben insgesamt eher suspekt ist. In Berlin, München und Paris gehen zu dieser Zeit Studenten auf die Straße, demonstrieren gegen den Schah, und auch in Freiburg protestieren sie gegen die Erhöhung der Nahverkehrstarife. Studenten, fürchtet der Vater, sind tendenziell links, reden mehr als dass sie schaffen und führen einen zweifelhaften Lebenswandel.

Doch Karlsruhe ist zu dieser Zeit weder Paris noch Berlin – nicht einmal Freiburg. Die Technische Hochschule ist nicht gerade der Hort revolutionärer Ideen. Roland Mack war zu Hause und in der Schule zwar immer ein Querkopf. Die Verwerfungen der 68er-Zeit gehen an ihm aber praktisch spurlos vorbei. Er ist kein politischer Kopf. Das mag am konservativen Elternhaus liegen und auch daran, dass Karlsruhe damals kein Zentrum des Protestes war. Er kann sich in seiner Zeit jedenfalls nicht an politische Umtriebe an der Universität erinnern.

Stattdessen lernt Roland Mack gemeinsam mit seinen Studienkollegen für die Klausuren. Auch in Teamarbeit. Er bekommt, wie er sagt, ein Gefühl für die Leistungsanforderungen und wie man sich effizient in den Stoff einarbeitet. Nach den ersten Anlaufschwierigkeiten absolviert er die Prüfungen erfolgreich. Nach vier Semestern macht er das Vordiplom, die Eltern in Waldkirch sind zufrieden.

Roland Macks kleine Flucht aus den Pflichten an der Uni und im heimischen Unternehmen ist in dieser Zeit der Sport. Er hat schon zu Schulzeiten in der Fußballmannschaft des Waldkirch SV gespielt. Die Mannschaft ist damals eine der großen Hoffnungen in Südbaden, wird zweimal in Folge, 1969 und 1970, Meister der ersten Amateurliga und spielt um den Aufstieg in den Profifußball, der damals freilich erst in den Anfängen steckte. Roland Mack steht im Tor der Mannschaft und ist vor jedem der Aufstiegsspiele sehr aufgeregt. Schließlich scheitern die Waldkircher beide Male. Roland Mack glaubt nicht, dass der Aufstieg in die Profiliga an seinem Leben etwas Grundlegendes verändert hätte und ihn der Profifußball in Versuchung geführt hätte. Dazu war sein Lebensweg schon zu klar vorherbestimmt.

Aber der Fußball blieb für ihn doch noch eine ganze Weile die wichtigste Nebensache der Welt. Er steht bald auch im Tor der Hochschulmannschaft. Durch das Renommé, mit Waldkirch in der ersten Amateurliga zu spielen, wird er in Karlsruhe rasch zum Stammtorwart. Mit dabei Rolf Bierhoff, der Vater des späteren Nationalspielers Oliver Bierhoff, aber vor allem auch Gerold Blaschek, mit dem er heute noch befreundet ist. Sie spielen Turniere gegen andere Hochschulen, immer mittwochs, öfter geht es auch ins benachbarte Ausland. Wegen solcher Fahrten bleibt dann auch mal die eine oder andere Vorlesung unbesucht. Die Reise zu einem Turnier in Norditalien ist den Freunden bis heute gut in Erinnerung. Es war die Internationale Hochschulmeisterschaft in Verona, die die Karlsruher souverän gewannen und mit einer zünftigen Pokalfeier ausklingen ließen. Auf der nächtlichen Rückfahrt verlor Roland Mack seine Schuhe. Ob er sie bei einer Rast auf dem Parkplatz vergessen hat oder, wie er behauptet, sie von einem Kommilitonen aus dem Fenster geworfen worden sind, ist umstritten. Jedenfalls muss er nach der Ankunft mit Sandalen zur Uni gehen, obwohl Karlsruhe an diesem Morgen in Schneeregen versinkt.

Zum Glück gibt es für jene Seminare, die dem Fußball zum Opfer fallen, verlässliche Kommilitonen, die Durchschläge anfertigen. Der Vater dagegen erfährt nichts von diesen Ausflügen, denn er hätte wohl nur wenig Verständnis aufgebracht. Die Fotos aus dieser Zeit zeigen Roland Mack mit breiten, dunklen Koteletten zum ordentlich gescheitelten Haar. Die Koteletten, erinnert sich Roland Mack, was hat es da für ein Theater zu Hause gegeben. Er sei jetzt wohl »auch ein Kommunist«, schimpft der Vater.

Das großstädtische Studentenleben, so wie es sich die Eltern vorstellten, war dem Vater suspekt. Wenn die Eltern in Karlsruhe vorbeikamen, etwa weil man gemeinsam zu Kunden auf ein nahe gelegenes Volksfest fahren wollte, blieb Vater Franz immer im Auto sitzen. Die Studentenwohnung, »den Hurelade«, sagt er im derben Badisch, wolle er nicht betreten.

Da ist wohl ein wenig die Fantasie mit dem Vater durchgegangen. Zusammen mit zwei Kommilitonen lebt Roland Mack in einer Wohngemeinschaft – wahrscheinlich nicht immer auf dem hygienischen Niveau des Elternhauses. Aber die Wohnung bleibt schon deshalb einigermaßen in Ordnung, weil Roland Mack damals bereits mit Marianne Schleinzer liiert ist, die die Männer-WG häufig besucht. Sie kommt an den dienstfreien Tagen, räumt hin und wieder auf und kocht für alle. Nebenbei versorgt die Stewardess der Lufhansa die Männer gelegentlich mit allerlei Luxus aus den Duty-Free-Shops dieser Welt.

Roland und Marianne kennen sich schon aus der Schulzeit. Sie hatten sich auf dem Geburtstag einer Cousine von Marianne kennengelernt, die mit Roland in dieselbe Klasse ging. Es funkt am gleichen Tag, doch die Teenager verlieren sich aus den Augen. Er in Waldkirch, sie einige Kilometer weiter entfernt in Endingen am Kaiserstuhl. Marianne Schleinzer geht nach der Realschule für ein Jahr als Au-Pair-Mädchen nach England. »Ich dachte, danach sehen wir uns nie wieder«, sagt Marianne Mack heute. Doch als sie zurückkehrt, steht er mit Blumen am Bahnhof. Beide sind erstaunt. Marianne Mack darüber, dass Roland sie nicht vergessen hat, und

Roland über die Veränderung seiner »Manni«. Das Jahr in England hat Marianne geprägt. Ein Flower-Power-Mädchen mit gelber Mütze und Mini-Rock ist aus ihr geworden, als sie aus dem Zug in Freiburg steigt. Und ein paar Pfund zugenommen hat die junge Frau, dank englischem Frühstück, Fish and Chips und Marshmallows, auch. Ein Auftritt wie bei ABBA sei das gewesen. Er war geschockt, gibt Roland Mack heute zu, habe sie dann aber mit dem Wagen nach Hause gefahren, ohne sich etwas anmerken zu lassen. Doch diese Veränderung muss er offenbar erst einmal verdauen. Erst mehrere Wochen später meldet er sich wieder bei ihr.

Bis sie wirklich ein Paar werden, dauert es eine Weile. Es sei lange eher eine Kameradschaft gewesen, sagt Marianne, und immer wieder sei es Roland gewesen, der dran blieb und um sie geworben habe.

Die frühe Beziehung mit Marianne ist dem Vater suspekt, was nicht an ihr liegt, sondern daran, dass es den Sohn von den eigentlich wichtigen Aufgaben ablenken könnte. Im Lebensplan des Vaters für seinen Sohn war eine Freundin offenbar erst später vorgesehen. Franz Mack lässt das Paar seine Einstellung spüren. Als Roland seine zukünftige Frau vorstellen will, lässt der Vater die Verliebten erst zehn Minuten neben dem Sessel im Wohnzimmer stehen. Er will zuerst die Zeitung zu Ende lesen.

Während Roland in Karlsruhe studiert, kommt sie in der Welt herum, es ist die Zeit, wo Stewardessen noch lange Ruhezeiten haben, oft wochenlang unterwegs sind. Sein Kommilitone Gerold Blaschek berichtet, Roland Mack sei damals zu ihm gekommen und habe ihm entsetzt von einem Kinobesuch erzählt. Es war einer der sogenannten Aufklärungsfilme aus der Oswald-Kolle-Ära, die das angeblich amouröse

Treiben der Flugbegleiterinnen dokumentierte, in Wirklichkeit aber eine Sex-Klamotte war. Roland sei sehr aufgebracht gewesen, erinnert sich der Freund, weil er fest davon überzeugt war, dass der Film eine Art Dokumentation sei und er nun dachte, auch seine Marianne führe ein zügelloses Leben.

Heute muss sie darüber lachen: »Er hat wohl damals Angst gehabt, dass mich ein Flugkapitän wegschnappt«, sagt sie. Sie ist zu dieser Zeit in Frankfurt stationiert, die beiden sehen sich so oft wie möglich. Damit Roland Mack nicht allzu oft mit seinem hellen Opel GT, an dem die Mack'sche Lackiererei die Ralleystreifen angebracht hat, nach Frankfurt fährt, kontrolliert der Vater den Tachometer des Wagens. Roland Mack weiß das und manipuliert den Kilometerstand nach unten, sodass manche Fahrt nach Frankfurt unentdeckt bleibt.

Trotzdem fühlt sich Marianne von den Macks bald in der Familie aufgenommen. Der nüchterne Unternehmerhaushalt in Waldkirch ist zwar so ganz anders, als sie es von zu Hause kennt, wo zumindest am Sonntag die Zeit der Familie gehört, mit Frühstücksrunden bis in den Nachmittag, zu denen alle Kinder auch ihre Freunde mitbringen konnten und wo über alle Nöte und Probleme gesprochen wurde. Ein Haus, in dem auch oft und viel Musik gemacht wurde. Aber sie spürt, dass Franz und Liesel sie schätzen und respektieren. Immerhin ist ihr Onkel ein bekannter Arzt am Waldkircher Krankenhaus. Und auch Marianne selbst hat aus Sicht der künftigen Schwiegereltern das Herz am rechten Fleck. Bald sagt Franz Mack: »Wenn du Probleme hast, kannst du immer zu mir kommen.« Roland und Marianne Mack heiraten im Oktober 1975 kirchlich und feiern im Seerestaurant des frisch eröffneten Parks.

4.
Die Idee von Klein-Europa

Als der Park noch auf den Bierdeckel passt ...

Franz Mack ist Anfang 50 und, wie Roland Mack sagt, »eigentlich schon im Landeanflug aufs Alter«, als er noch einmal etwas völlig Neues beginnen will. Er könnte zufrieden sein. Er führt zusammen mit seinen Brüdern den Betrieb in Waldkirch. Die Salonwagen aus dem Hause Mack haben unter den Schaustellern Weltruf. Auch das Geschäft mit Achterbahnen, Autoscootern und vor allem der Familienattraktion *Wilde Maus* entwickelt sich zu dieser Zeit prächtig. Die Firma hat Geschäftskontakte in viele Länder, einen Generalvertreter in den USA, die Heinrich Mack KG steht weltweit für Qualität und deutsche Ingenieurskunst. Aber Franz Mack genügt das nicht, er will noch einmal etwas ganz Anderes, Größeres wagen.

Vielleicht kommt dieser Drang nach einer neuen Unternehmung daher, dass er aus einer Generation stammt, der im Krieg die besten Jahre geraubt worden sind. Oder aber sie rührt daher, dass er das Unternehmen in Waldkirch für die nächste Generation, seine beiden Söhne Roland und Jürgen sowie die ganze Zahl der Kinder seiner Brüder, zukunftssicher machen möchte.

Sicherlich spürt er auch ganz intuitiv, dass das Geschäft der Schausteller nicht ewig so weitergehen wird. In den Jahren nach dem Krieg waren die Menschen froh um jede Art von Zerstreuung, die sie sich leisten konnten. Die Jahrmärkte in diesen Jahren sind voll, die Schausteller können an die erfolgreichen Jahre vor den Weltkriegen schnell wieder anknüpfen und so boomt auch das Geschäft in Waldkirch. Doch mit dem steigenden Wohlstand in Westdeutschland werden die Menschen anspruchsvoller, der Jahrmarkt tritt bald in Konkurrenz zum Kino und vor allem zum Fernsehen, das in den 60er-Jahren Einzug in immer mehr Haushalte hält. Das Freizeitverhalten der Menschen verändert sich und sicher ist, die Trends aus Amerika schwappen irgendwann auch nach Europa.

Die großen Vorbilder aus Übersee

Schon vor den Weltkriegen gab es in Europa ein paar Unterhaltungsparks wie den Tivoli in Kopenhagen, den ältesten Freizeitpark überhaupt, oder den traditionellen Wiener Prater. In Deutschland haben dagegen eher saisonale Jahrmärkte und Volksfeste Tradition. Die sogenannten transportablen Fahrgeschäfte, die von Fest zu Fest ziehen, bilden den Markt, auf dem Mack damals noch fast ausschließlich tätig ist. Doch gleichzeitig wächst auch die Nachfrage nach stationären Fahrgeschäften – die meisten davon werden an die Ostküste der USA verschifft. Diese frühen Freizeitparks sehen der traditionellen Kirmes noch recht ähnlich.

Der eigentliche Erfinder dessen, was man heute Themenpark nennt, ist Walt Disney. Seine Erfolgsgeschichte beginnt in den 50er-Jahren, als er bereits zu den Erfolgreichsten im Unterhaltungsgeschäft zählt. Mit Mickey Maus, Donald Duck und anderen eigenwilligen Charakteren aus Entenhausen hatte sich der Zeichner schon vor dem Krieg ein Imperium aufgebaut und mit seinen Filmen eine neue Ära eingeläutet, die noch heute ganze Generationen prägt. Dieses Universum in Zelluloid wollte Disney, damals auch schon über 50 Jahre alt, in die Wirklichkeit übertragen. 1955 eröffnet Disney World im Süden von Los Angeles und Walt Disney setzt dabei, wie schon bei seinem ersten abendfüllenden Film, große Teile seines Vermögens aufs Spiel. Disney World wird ein Freizeitpark, wie ihn die Welt bis dahin noch nicht gesehen hatte.

Keiner in der Familie weiß, wie lange Franz Mack schon die Idee eines eigenen Freizeitparks im Hinterkopf hatte. Fest steht, er kannte die Parks in den USA gut.

Amerika ist in jenen Jahren das große Vorbild für das nach dem Weltkrieg am Boden liegende Europa. Nirgendwo ist die Unterhaltungsbranche so perfekt organisiert und auch so mächtig wie in Hollywood, und nirgends auf der Welt bestimmen große Unterhaltungskonzerne wie Metro-Goldwyn-Mayer, die Fernseh-Networks oder eben Disney bereits so stark das Freizeitverhalten der arbeitenden Bevölkerung. So ist es wenig überraschend, dass Amerika auch die Blaupause für die Idee eines Freizeitparks tief im deutschen Südwesten liefert. Disney World wird das große Vorbild sein.

Auch Roland Mack lernt die amerikanische Unterhaltungsindustrie früh kennen. Mit 15 Jahren ist er das erste Mal während der Sommerferien dort. Er wohnt damals beim Generalvertreter der Firma, der selbst mehrere Fahrgeschäfte in einem Park betreibt. Roland begleitet den Mann bei seinen Reisen zu den Kunden und wird auch in den Betrieb von Fahrgeschäften eingewiesen. Learning by Doing also wie im Betrieb zu Hause.

Anfang der 70er-Jahre sind Franz und Roland Mack zum ersten Mal gemeinsam in den USA. Es geht eigentlich darum, einen Überblick über den Markt für Fahrgeschäfte zu erhalten und neue Kunden zu akquirieren. Sie treffen sich in Los Angeles und besuchen zwei Wochen lang systematisch die Parks. Roland Mack erinnert sich, wie er von der Perfektion, die er dort antraf, begeistert war: »Ich habe total geschwärmt. Für mich war das absolut neu. Ich war fasziniert von der Idee.« Er will seinen Vater davon überzeugen, selbst einen solchen Park zu bauen. Die Firma Mack bringe ja das halbe Kapital dafür schon mit: Karussells und Achterbahnen, all das könnten sie selbst bauen. Ein solches Gelände könnte als Werbung für die Produkte des Waldkircher Unternehmens dienen. Auf Zetteln, Servietten und Bierdeckeln sammeln sie Ideen, machen abends an der Bar erste Entwürfe. Am Ende eröffnet Franz Mack seinem Sohn, er habe schon über ein solches Projekt nachgedacht. Auch Partner und ein Gelände in der Nähe von Waldkirch habe er bereits im Auge. Zu dieser Zeit hat der Vater wohl bereits erste Gespräche in Breisach geführt. Dort gibt es ein freies Gelände rund um einen See. Doch die über zweijährigen Verhandlungen und Planungen ergeben, das Areal wird als Überflutungsgebiet für den Rhein gebraucht und von den Behörden nicht freigegeben. Aber der See auf dem Gelände hat einen einprägsamen Namen. Er heißt Europa-See und soll später zum Namensgeber für den Park werden.

Fast im Alleingang

Hermann und Willi, die beiden Brüder, wie auch die anderen Familienmitglieder erfahren erst spät von der Idee. Franz war schon immer die treibende Kraft im heimischen Betrieb, er war der eigentliche Unternehmer. Hermann und Willi betreuen Werkstatt und Buchhaltung zuverlässig und tragen so wesentlich zum Erfolg des laufenden Geschäfts im Familienbetrieb bei. Das Verhältnis der gemeinsamen Inhaber war aber nicht ohne Spannungen. Es gab unterschiedliche Vorstellungen über die Weiterentwicklung des Unternehmens. Ihr Vater hatte einen Gesellschaftsvertrag aufgesetzt. Dieser sah vor, dass keine weiteren Partner in das Unternehmen eintreten dürfen und dass keiner der Brüder Geschäfte jenseits der Firma betreiben darf.

Der Aufbau eines Freizeitparks, wie es Franz Mack vorschwebte, schien den Brüdern höchst risikoreich. Sie sahen die Gefahr, dass eine Pleite des Park-Projekts auch den Waldkircher Betrieb gefährden könnte. Franz Mack war dagegen bereit, sein ganzes privates Vermögen dafür aufs Spiel zu setzen. Der vom Vater diktierte Gesellschaftsvertrag, der auch noch manche veraltete Klausel enthielt, die aus der Erfahrung zweier Weltkriege zu erklären ist – Witwen von Familienmitgliedern wird da etwa ein Kontingent an Heizholz garantiert –, wird später im Einvernehmen mit den Brüdern neu aufgesetzt. Erst jetzt ist es möglich, das Unternehmen des Kernbetriebs zu erweitern und Franz Mack kann sich auf die Suche nach Geschäftspartnern machen.

Er spricht damals verschiedene Schausteller an, ob sie nicht investieren wollen, aber keiner kann sich zu diesem Schritt entschließen. Am Ende findet er in Otto Tiemann einen Partner, der ihm geeignet erscheint. Tiemann, ein großer, breitschultriger Mann aus Hamburg, ist schon lange Kunde in Waldkirch. Er gehört damals zu den großen und erfolgreichen Schaustellern. Mit einer Berg- und Talbahn der Firma Mack ist er unterwegs und betreibt Süßwarenstände auf den großen Messen in Deutschland und Europa. Er hat schon die Entwicklung des Phantasialand beobachtet, das vom Schausteller Gottlieb Löffelhardt und dem Puppenspieler Richard Schmidt 1967 in der Nähe von Köln als Märchenpark eröffnet worden war. Tiemann ist wie Franz Mack bereit, das Risiko einzugehen. Er stellt seinen Wohnwagen auf das Werksgelände in Waldkirch. Hier planen sie abendelang, entwerfen ihren Freizeitpark. Später, als das Gelände gefunden ist, verlegt Tiemann seinen Standort nach Rust. Während Franz Mack vormittags weiterhin in Waldkirch die Geschäfte führt, sind Tiemann und der Schwiegervater von Roland Mack, Siegfried Schleinzer, bereits vor Ort. Tiemanns Frau reist derweil weiter mit der Berg- und Talbahn von Messe zu Messe, er selbst kommt immer nur zum Auf- und Abbauen.

Ein paar Eckpunkte ihres Projekts sind Franz Mack und seinem Partner schnell klar. Der Park soll nah an der A 5 gelegen sein, an der internationalen Verkehrsachse und nicht zu weit vom Betrieb der Macks entfernt. Sie versuchen zu überschlagen, wie viele Besucher sie wohl erwarten können. Und orientieren sich an den Zoos in der Nähe. Wie viele der Karlsruher, wie viele der in Basel? So viele sollten sie auch erreichen können. Das ist die ganze Marktforschung, die Mack und Tiemann damals anstellen. Der Rest ist eine große Unbekannte.

Noch immer suchen sie einen Standort. Nach dem Aus für Breisach und später auch für Neuenburg stößt Schleinzer auf das Gelände in Rust, einem kleinen Rheinfischer-Dorf in der Ortenau. Es ist der alte Park des Schlosses Balthasar, das im 15. Jahrhundert erbaut wurde und in dem jahrhundertelang ein Straßburger Patriziergeschlecht Hof hielt. Ein Gelände mit altem Baumbestand, das die Gemeinde, nachdem es die Barone von Böcklinsau verlassen haben, als Parkanlage nutzen wollte. Es liegt an der Elz, ist sumpfig. Die ganze Gegend wird im Sommer von Stechmücken geplagt. Doch Mack und Tiemann schreckt das nicht. Im August 1973 unterschreiben sie den Kaufvertrag. Damit wird der öffentliche Garten der Ruster zum privaten Freizeitpark. Als besonders clever erweist sich ein Schachzug des damaligen Ruster Bürgermeisters Erich Spoth: Er möchte einen Eintrag ins Grundbuch veranlassen, wonach der Park den Bürgern von Rust auch in Zukunft zugänglich bleiben muss. Franz und Roland Mack sind einverstanden. Eine Vereinbarung mit weitreichenden Folgen. Die Ruster haben bis heute freien Eintritt im Europa-Park. Es ist sogar ein Argument für manchen leidenschaftlichen Fan des Parks, sich in Rust niederzulassen.

Das Schloss der Barone von Böcklinsau gehört damals nicht zum Gelände, es wird erst einige Jahre später in den Park integriert werden. Bis dahin hatte das Schloss mehrere Besitzer, unter anderem von einem Mann, den die Macks bereits aus den Kreditverhandlungen kennen: der damalige Direktor der Freiburger Niederlassung der Dresdner Bank. Er war es, der einen bereits bewilligten Kredit für ihr Unternehmen verweigert hat. Der Banker kennt das Gelände und glaubte beurteilen zu können, dass ein Freizeitpark dort keine Chance hat.

Als das Schloss dann 1978 doch an die Macks verkauft wird, ist der Park bereits erfolgreich und der Banker widerlegt. Roland Mack kann 2009 seine späte Genugtuung nicht verheimlichen, als die Dresdner Bank in der Commerzbank aufgeht und »das grüne Band der Sympathie« vom Markt verschwindet.

Nach dem Kauf des Geländes 1973 geht es an die Arbeit. Mack und Tiemann beginnen mit der Umgestaltung des

Parks. Zunächst müssen fünf Kilometer Kanalisation und Wasserleitungsrohre verlegt werden, der Park bekommt eine eigene Kläranlage. Wege müssen verlegt und betoniert werden. Es wird ein künstlicher See angelegt, ein Restaurant mit einem Sonnensegel gebaut. Otto Tiemann bedient den Bagger und auch alle anderen aus der Familie und dem Waldkircher Betrieb packen mit an. Mit dabei sind – neben vielen anderen – die Familie Opitz, Fassadengestalter für die Macks, auch Luise Bammert, die Haushälterin im Hause Mack wird für allerlei Dienste im Park eingesetzt. Telefonleitungen werden unter der Erde verlegt, genauso wie zehn Kilometer Stromkabel. Eines der frühen Werbeprospekte vermeldet: bei der Umgestaltung des Geländes seien 75.000 Tonnen Erdreich bewegt und 15.000 Tonnen Beton verbaut worden.

Von Anfang an mit dabei ist auch Michael Scholz, Roland Macks Schulfreund aus Waldkirch. Er ist der Mann im Park. Er beaufsichtigt die Arbeiter und setzt zusammen mit Tiemann die ersten Werbeflugblätter auf. Michael Scholz berichtet Roland Mack über die Pläne der alten Herren. Er ist auch der Verbindungsmann zu den Bürgern in Rust, die am Anfang nicht so recht wissen, was im Schlosspark vor sich geht und was sie von dem entstehenden Freizeitpark vor ihrer Haustür halten sollen. Scholz wirbt in der Gemeinde für das Projekt, erklärt abends am Stammtisch und bei Vereinsversammlungen, was die Macks in Rust vorhaben und was das für Rust bedeutet. Michael Scholz sagt heute ein bisschen stolz: »Ich hab den Europa-Park in den Gasthäusern Rusts bekannt getrunken.«

Die Baumaßnahmen verschlingen viel von dem Kapital, das Mack und Tiemann zur Verfügung steht. Franz Mack beleiht sein privates Haus in Waldkirch, er wird die Hypothek, obwohl der Park von der ersten Saison an Gewinn macht, bis zu seinem Tod nicht auflösen. Ein Unternehmer haftet persönlich, so hat er seine Rolle immer gesehen. Doch die ersten Attraktionen können die Macks und die Familie Tiemann nicht auch noch aus eigener Kraft finanzieren. Sie suchen Partner, die in die Attraktionen investieren. Die Geschäftsleute aus Waldkirch und Rust winken ab. Freizeitpark, das klingt unseriös und vor allem nach einer höchst unkalkulierbaren Investition. Am Ende sind es allein Verwandte und enge Wegbegleiter der Familie, die bereit sind, das Risiko mitzutragen. Die Familie von Liesel Mack, die Börschigs, finanzieren die Floßfahrt, Liesel Mack selbst gibt einen Teil des Familienvermögens für die Einschienenbahn, die hoch über den Köpfen der Besucher ihre Runden drehen soll. Die Schaustellerfamilie Bornhäuser finanziert die *Monza-Piste*, die heute *Silverstone-Piste* heißt und deren tuckernde Benzinwagen lange einer der großen Besuchermagneten des Parks sein werden. Alle werden an den Einnahmen beteiligt. Ein gutes Geschäft, wie sich bald zeigt.

Dann, am 12. Juli 1975, ist es so weit. Eröffnungstag. Das Wetter könnte besser sein, die letzten Tage hat es geregnet, erinnert sich Roland Mack. Das ganze Gelände ist aufgeweicht, bei der Pressekonferenz am Vortag mussten die Medienvertreter durch den Matsch stapfen. Doch am Samstag kommt die Sonne hervor, trocknet die Pfützen, es wird ein strahlender Tag. Etwa tausend Menschen haben sich zur Eröffnung versammelt, darunter Bürgermeister Erich Spoth, die Stadträte, Handwerker, die am Bau mitgewirkt hatten, Lieferanten, Freunde und natürlich die Familie.

Ein Schreibmaschinenblatt mit ausgerissenen Ordnerlöchern, das man heute im *Historama* im Park betrachten kann, listet für den Eröffnungstag zehn Programmpunkte auf. Das Festprogramm startet mit drei Böllerschüssen zum Einlass der Ehrengäste, es folgt ein festliches Stück der Musikkapelle Rust. Anschließend begrüßen Franz und Roland Mack die Gäste und erläutern das Projekt. Dazwischen wieder die Musikkapelle und die Ansprache des Bürgermeisters. Wirtschaftsminister Rudolf Eberle ist an diesem Tag aus Stuttgart angereist, als höchster Ehrengast durchschneidet er das Band. Danach soll sich die Festgesellschaft »ungezwungen«, wie es auf dem Ablaufzettel heißt, zum Seerestaurant bewegen. Roland Mack erlebt dabei eine kurze Schrecksekunde. Er schwingt sich zusammen mit dem Minister auf den Sitz des Zugführers um Ehrengäste mit der blitzblank gewienerten *Westernbahn* zum Seerestaurant zu fahren. Doch der Zug startet nur kurz und bleibt dann gleich wieder stehen. Lokführer Mack hatte wohl zu wenig Gas gegeben, was ihm sonst selten passiert. Doch alle sind am Ende gut im Restaurant angekommen, wo man den letzten Programmpunkt angehen konnte: das gemütliche Beisammensein.

Keine Parade, keine Artisten oder Feuerschlucker, kein Feuerwerk. Stattdessen eine solide Veranstaltung mit Blasmusik, Band durchschneiden und gemütlichem Beisammensein. Das war das Äußerste an Entertainment, das die Macks damals zur Eröffnung auffuhren. Man kann nicht behaupten, dass es eine besonders großspurige Inszenierung war. Eher solide Hausmannskost, wie man sie zu dieser Zeit bei jedem mittleren Volksfest erwarten konnte. Doch die bescheidene Zeremonie entsprach durchaus der Strategie der Macks. Disney World hatten sie zwar im Hinterkopf, aber so ein übermächtiges Ziel auszurufen, wäre ihnen nicht eingefallen. Schritt für Schritt gehen, lieber langsam mit dem Erfolg wachsen, als früh zu scheitern. Heute würde man sagen, sie sind von Anfang an auf Sicht gefahren. Es blieb ihnen auch kaum etwas anderes übrig, schließlich gab es nur wenige, die das Vorhaben unterstützen. »Der Pleitegeier schwebt über Rust«, so lautet eine mittlerweile legendäre Schlagzeile. Roland Mack zitiert sie gerne, um zu zeigen, wie die Stimmung damals war. Das wohl entmutigendste Ereignis dieser Zeit trug sich drei Monate vor der Eröffnung zu. Otto Tiemann, der Partner von Franz Mack, stirbt überraschend im Mai 1975 mit nur 46 Jahren – ein schwerer Schlag für Familie und Freunde, aber auch für das gemeinsame Projekt. Plötzlich stehen die Macks alleine da, ohne einen erfahrenen Schausteller, der sich mit dem Betrieb der Fahrgeschäfte auskennt, der die Hälfte des Risikos trägt und der sich ganz dem Park widmen sollte, während Franz Mack nebenbei das Unternehmen in Waldkirch weiterführt. Roland, der gerade erst mit dem Studium in Karlsruhe fertig ist, muss früher als geplant Verantwortung im Park übernehmen.

Am Tag nach der Eröffnung ist bereits der erste Besucheransturm zu bewältigen. Alle aus der Familie müssen mithelfen. Franz Mack brät an den Wochenenden oft selbst die Würstchen. »Alles was zwei Hände und zwei Füße hatte, musste mit anpacken«, erinnert sich Roland Mack. Gründerzeiten sind Ausnahmezustände. Keiner hat Erfahrungen mit dem Geschäft, vieles muss improvisiert werden. Am Ende des Tages werden die Einnahmen gezählt, überall in dem kleinen Büro liegt das Bargeld herum. Es herrscht ein unbeschreibliches Chaos.

Vom ersten Tag an mit dabei ist Marianne Mack, bis vor Kurzem war sie noch als Stewardess in aller Welt unterwegs. Ihren Beruf hat sie aufgegeben, um an der Seite ihres Mannes den Park aufzubauen. Das junge Ehepaar hat damals mitten im Park ein kleines Haus direkt am See bezogen. Dort ist auch das erste Verwaltungsbüro des Parks untergebracht. Morgens nach dem Frühstück geht sie an die Kasse, abends wenn der Park schließt, macht sie die Abrechnung, oft bis in die Nacht. Manchmal, wenn sie gar keine Ruhe findet für die Buchhaltung in dem ganzen Trubel, zieht sie sich in den einzigen Raum zurück hinter dem man die Türe schließen kann: die kleine Abstellkammer des Büros. Nebenbei muss der Haushalt erledigt werden.

Sie sieht sich als Teil des Teams, trägt tagein tagaus die Parkuniform und sieht damit ein bisschen wie ein Funkenmariechen aus, sodass ihre Schwiegermutter irgendwann sagt: »Bitte Manni, zieh doch mal etwas anderes an, ich kann es nicht mehr sehen.« Aber Marianne Mack will den Mitarbeitern Vorbild sein und voll mitziehen. So erwirbt sie sich nicht nur den Respekt ihres Schwiegervaters. Dieser pendelt derweil täglich zwischen Waldkirch und Rust. Morgens im Büro in Waldkirch, ab mittags dann im Park. An den Wochenenden ziehen die Schwiegereltern gleich ganz bei Roland und Marianne ein. Das sind die besucherstarken Tage, da ist voller Einsatz gefragt. Marianne Mack erinnert sich, dass sie ganz am Anfang noch vor der Eröffnung ein Gespräch ihrer Schwiegermutter Liesel mit Otto Tiemann direkt vor ihrem Bürofenster mitgehört hat. Es ging damals um die Frage, ob die junge Familie eine Spülmaschine bekommen soll. Selbst solche Details waren damals ein Fall für den Familienrat. Marianne Mack hörte Tiemann sagen, sie dürften den jungen Leuten auf keinen Fall eine Spülmaschine genehmigen, »sonst verlieren sie jeden Respekt vor euch«. Schließlich habe man das über Generationen hinweg auch selbst gemacht. Heute kann Marianne darüber lachen, doch es zeigt, welch hartes Regiment damals herrschte. Später gab es dann natürlich doch Spül- und auch Waschmaschinen.

Wo anhand von Haushaltsgeräten die Frage von Fleiß oder Faulheit diskutiert wird, dort ist es natürlich ein fast undenkbarer Luxus, über eine Haushälterin zu reden. Selbst dann, wenn Kinder erwartet werden. Im vierten Jahr nach der Eröffnung des Parks, drei Tage vor Weihnachten, wird Michael Mack geboren. Sein Geburtstermin, wie übrigens auch die der anderen Mack-Kinder, liegt mustergültig außerhalb der Park-Saison. Im gleichen Jahr zieht die junge Familie in das obere Geschoss von Schloss Balthasar, das ein Jahr vorher von den Macks gekauft worden war.

Im Frühjahr danach sitzt Marianne Mack, die junge Mutter, wieder an der Kasse und macht bis spät abends die Endabrechnung. Wenn die Kinder krank sind, werden sie auf eine Matratze ins Büro gelegt und können nebenbei betreut werden. Harte Zeiten.

Die Gründerjahre waren für Marianne Mack anstrengend, aber sie denkt auch gerne daran zurück. Erst als acht Jahre später ihre Tochter Ann-Kathrin geboren wird, zieht sie sich ein wenig aus dem Tagesgeschäft zurück und konzentriert sich nun mehr aufs Familienleben, bleibt aber für das Controlling der Abrechnungsstellen im Park verantwortlich. Viel Leidenschaft steckt sie aber in Ihre Stiftung Santa Isabel und die Vortragsreihe, die sie seit 2005 zusammen mit der Journalistin Barbara Diekmann regelmäßig organisiert. 2007 wurde Marianne Mack zur »Schwarzwaldlady« ernannt und entwirft seitdem ihre eigene Landhausmode. Seit vier Jahren ist sie die UNICEF-Schirmherrin.

Roland Mack im Alter von 4 Jahren als Schornsteinfeger verkleidet im Garten in Waldkirch

Der junge Roland Mack im Trachtenanzug

Eine Aufnahme vom Tag seiner Einschulung

Mit Achterbahnen groß geworden: Als Roland Mack ein Kind war, wurden die Achterbahnen im Werkhof in Waldkirch neben dem Elternhaus zur Probe aufgebaut. Hier die *Wilde Maus*, die 1957 nach Detroit, USA, geliefert wurde.

Roland Mack als heranwachsender Testfahrer

Roland Mack als Student bei einem Besuch am Urlaubsort seiner Eltern in den Allgäuer Alpen

Ein leidenschaftliches Hobby von Roland Mack in jungen Jahren war Fußball (Roland Mack links im Bild)

Allen Skeptikern zum Trotz beginnt am 12. Juli 1975 mit der Eröffnung des Europa-Park durch Minister Dr. Eberle eine einzigartige Erfolgsgeschichte

EUROPA-PARK

FREIZEIT- UND FAMILIENPARK

EHRENKARTE

Gültig für einmaligen Besuch
ausgenommen Sonn- und Feiertage

Herzlich willkommen

Mack+Tiemann KG · 7631 Rust · Telefon 07822/6617

Eine Ehrenkarte des Europa-Park aus dem Jahre 1975

Die *Monza-Piste* (heute *Silverstone-Piste*) war eine der ersten Attraktionen für die ganze Familie im Europa-Park (1975)

Der Haupteingang 1977

Seit 1988 verantwortet Jürgen Mack (r.) die Bereiche Personal, Finanzen und Controlling im Europa-Park. Darauf wird angestoßen mit Vater Franz (m.) und Bruder Roland (l.).

Franz Mack 1989 mit dem Modell der *Eurosat*-Kugel, die er selbst entworfen hat

Roland Mack mit seiner Tochter Ann-Kathrin mit Blick auf den Schwarzwald am Tag der Taufe im Jahr 1990

In der unberührten Natur des Taubergießens fanden Roland und Marianne Mack schon früh den Ausgleich zum Trubel des Parklebens

Altbundeskanzler Helmut Kohl bei einer Stippvisite im Europa-Park. Hier zu sehen mit Manfred Basler, dem damaligen Vorstandsvorsitzenden der Volksbank Lahr und Roland Mack.

Franz und Liesel Mack bei der Eröffnung des Hotels Colosseo im Juni 2004

Zu einem Besuch in den Europa-Park hat Roland Mack den früheren UNO-Generalsekretär Kofi Annan eingeladen. Annan war bis Ende 2006 in diesem Amt und lebt heute in Genf.

Roland Mack mit der Mutter des Punk Nina Hagen bei der Fernsehsendung »Deutschlands größte Hits«

Roland und Marianne Mack empfangen Bill Clinton 2006 anlässlich des 60sten Geburtstags von Karlheinz Kögel im Europa-Park

Ein Meilenstein in der Firmengeschichte von Mack Rides war die Eröffnung der ersten Loopingachterbahn im Europa-Park *blue fire*

Die Fußballlegenden Jürgen Klinsmann, Murat Yakin, Berti Vogts, Joachim Löw, Horst Eckel und Uwe Seeler trafen sich anlässlich der Eröffnung der Arena of Football im WM Jahr 2006

Treffen mit Papst Benedikt XVI. 2008 in Rom

Im Mai 2009 traf Roland Mack in Berlin den früheren Staatspräsidenten Nicolas Sarkozy und Bundeskanzlerin Angela Merkel

Der Kaiser war schon oft im Europa-Park. Franz Beckenbauer hier gemeinsam mit Herbert Heiner, dem Vorstandvorsitzenden der Adidas AG und Roland Mack.

Altkanzler Gerhard Schröder bei einer Benefizveranstaltung im Europa-Park

Der russische Clown und Pantomime Oleg Popov begeisterte während der 10ten Winteröffnung 2010 die Europa-Park Besucher in der Zirkus-Revue

IAPPA-Präsident Roland Mack mit seiner Familie in Orlando, Florida. V.l.n.r. Thomas Mack, Marianne Mack, Roland Mack, Ann-Kathrin und Michael Mack

Das Ehepaar Mack, bei der Eröffnung des Hotels *Bell Rock*

Der griechische Themenbereich mit der Wasserachterbahn *Poseidon*

José Manuel Barroso besuchte zusammen mit der EU-Kommission 2011 den Europa-Park

Fürst Albert II. von Monaco und Roland Mack beim Zirkusfestival in Monte Carlo. Mack war Mitglied der internationalen Jury.

Der Chef legt selbst Hand an: Roland Mack mit Sicherheitsingenieur Markus König in der Wartungshalle des *blue-fire*-Megacoasters

Der französische Starregisseur Luc Besson mit Roland und Michael Mack beim Spatenstich zur Neuheit 2014 *Arthur – Im Königreich der Minimoys*

Es hat Marianne Mack nie ins Rampenlicht gezogen, sie sei eigentlich eher ein Familienmensch. Leidenschaftlich gerne kocht sie für die ganze Familie und bemüht sich darum, den Kindern ein halbwegs normales Familienleben zu ermöglichen.

Derweil widmet sich ihr Mann mit noch mehr Kraft dem Park, der in den 90er Jahren eine ganz neue Dimension annimmt.

Klein-Europa entsteht

Das große Vorbild der Parkgründer in Baden heißt von Anfang an Walt Disney. Das ist im Park an vielen Fahrgeschäften bis hin zu kleinen Details bis heute zu erkennen. Auch der Europa-Park hat eine Maus als Maskottchen, anfangs ein etwas unförmiges Exemplar, das in all den Jahren viele Wandlungen durchmacht. Manche Fahrgeschäfte, wie etwa die Geisterbahn im italienischen Bereich oder die Piratenfahrt im holländischen Quartier, sehen den Bahnen in Disney World schon zum Verwechseln ähnlich. Mitarbeiter nennen das schmunzelnd »kreative Adaptionen«.

Die große Qualität der Disney-Parks war das Erschaffen einer künstlichen Welt, die sich fundamental von der Realität unterscheidet. Bei Disney ging dies soweit, dass er glaubte, auf diese Weise eine neue Gesellschaft kreieren zu können – frei von Drogen und Kriminalität. Diese Idee wurde im Epcot-Center noch lange nach Disneys Tod mit großem Aufwand verfolgt. Der Perfektion des Disney-Konzerns, freilich ohne fragwürdige Weltverbesserungs-Fantasien, eiferten auch die Macks nach.

»Uns war immer klar, dass es nicht reichen würde einen stationären Jahrmarkt zu errichten«, sagt Roland Mack. Oder wie Franz Mack damals schlicht sagte: »Es muss im Park anders sein als draußen«. Dieses Eintauchen in einer Traumwelt, wie sie es bei Besuchen in den USA selbst erlebt hatten, war trotz der bescheidenen Anfänge immer das Ziel. Walt Disney hatte es da leichter. Der begnadete Zeichner kam aus der Unterhaltungsbranche, er hatte mit seinen Filmen und Figuren bereits eine Welt geschaffen, die er in einem Park in die Realität umsetzen konnte. Für seinen Freizeitpark musste er nur die Fahrgeschäfte zukaufen und entsprechend anpassen.

Die Macks dagegen kamen von der anderen Seite, aus der Technik. Sie wussten, was eine gutes, langlebiges Fahrgeschäft ausmacht und sie konnten es bauen. Zwar hat das Unternehmen in Waldkirch schon früh Fassaden für Fahrgeschäfte dekoriert und die Schaustellerwagen vor allem innen luxuriös gestaltet. Doch das geschah fast immer nach den Wünschen der Kunden. Und selbst die aufwändigste Dekoration eines Karussells ist nicht zu vergleichen mit dem Aufwand, den es erfordert, in einem Park die Menschen in eine andere Wirklichkeit zu entführen.

Zu Beginn fehlte es an Kapital, um neue Welten aus Stein, Holz und Polyester zu schaffen. Aber vor allem fehlte es an einem kreativen Kopf, der diese neuen Welten erdachte. Dieser Kopf läuft Roland Mack irgendwann einfach so im Park vor die Füße. Es ist eine schicksalhafte Begegnung mit Ulrich Damrau, einem damals schon älteren Herren. Sie sollte sich als richtungsweisend für das gesamte Unternehmen erweisen.

Der Europa-Park zeigt zu dieser Zeit eine Ausstellung des Modellbahnherstellers Märklin. In drei fest installierten

Zelten fahren die Bahnen durch bekannte Landschaften des Dreiländerecks Deutschland, Frankreich und die Schweiz. Ulrich Damrau war damals dafür zuständig, die Landschaften, die er dafür entworfen hatte, nun zu bauen und zu gestalten. In mühevoller Kleinarbeit lässt er damals tagelang Alpenpanoramen, Tunnel und Brücken, Häuser und Dörfer entstehen. Eigentlich ist er Fachmann für größere Kulissen. Er kommt aus dem Osten Deutschlands, ist ein erfahrener Film- und Bühnenarchitekt, hat in der Semperoper gearbeitet und bei der DEFA (Deutsche Film AG). Nach seiner Ausreise in den Westen entwarf er in den Theatern Konstanz und Karlsruhe Bühnenbilder, etwa für die Uraufführung von »Mutter Courage« oder den »Parsifal«. Danach war er sieben Jahre Ausstattungsleiter am Staatstheater in Ankara gewesen und leistete schon dort Pionierarbeit. Später arbeitete er dann in München für den Film und entwarf Kulissen fürs Fernsehen. Für ihn war der Auftrag damals im Europa-Park eigentlich nur eine Fingerübung. Bei seiner Arbeit an den Modellen wurde Damrau genau von Roland Mack beobachtet, er findet den Mann mit dem weißen Haar und dem norddeutschen Ton interessant. Er fragt ihn viel über seine Arbeit am Theater, über Baustile und Architektur, bewundert sein breites Wissen in Bereichen, mit denen der junge Ingenieur bisher höchstens am Rande in Berührung gekommen ist. Als er ihn schließlich fragt, ob er sich vorstellen könnte, für den Park zu arbeiten, hat Damrau schnell ein Konzept, wie ein Themenpark in Rust aussehen könnte. Jedes Land Europas müsste mit einem eigenen Themenbereich vertreten sein, ganz im typischen Baustil und den Farben des Landes, ohne dabei berühmte Bauten zu kopieren. Es käme viel mehr darauf an, die spezielle Atmosphäre der verschiedenen Regionen einzufangen. Eine Kunst, die er als Bühnenbildner bestens beherrscht.

Roland Mack möchte einen Entwurf von Damrau. Zuerst denken beide an Brüssel als erstes Viertel für den Park. Die europäische Hauptstadt immerhin, der Grand Place soll das Vorbild für die Bauten sein. Die Macks betrachten die ersten Entwürfe, die reich verzierten gotischen und barocken Fassaden sind bis ins kleinste Detail ausgearbeitet. Sie kalkulieren die Kosten und sehen, das ist für das Unternehmen unbezahlbar. Roland Mack berät sich mit Damrau, ob es nicht auch ein bisschen einfacher gehe. Doch der Künstler sagt, wie später noch so oft, nein, er lasse sich da auf keine Kompromisse ein. Wenn es Brüssel sein soll, müsse es so und nicht anders gemacht werden. Dann lieber eine andere Stadt, oder gleich ein Land? Schließlich einigen sie sich auf Italien. Die italienische Renaissance ist etwas klarer strukturiert und dadurch im Bau deutlich günstiger, bietet aber genügend architektonischen Reiz für den Künstler. Das belgische Viertel wird auch später nie gebaut.

Damrau macht sich wieder an seine Entwürfe und liefert seine Version von Klein-Italien. Mit einem Barocktheater und einem Campanile, der an den Turm des Markusdoms von Venedig erinnert. Dann reist er ab. Die Macks nehmen seine Pläne und bauen den italienischen Themenbereich getreu den Vorlagen des Architekten. Es erweist sich gegenüber Brüssel als die bessere Wahl, jeder kennt Italien, es ist damals das beliebteste Reiseland der Deutschen. Das italienische Viertel ist der Beginn einer Zusammenarbeit, die über 25 Jahre bis zu Damraus Tod andauern wird.

Für den Park erweist er sich als echter Glücksgriff. Ein Bühnenbildner mit ungeheurem Wissen über Architekturgeschichte, aber auch über Materialien und handwerkliches Know-how. Ein zierlicher Mann mit einer hohen Stimme, preußischem Ton und Manieren. Der Park ist für ihn eine vollkommen neue künstlerische Herausforderung. Muss er doch Welten schaffen, die nicht nur auf Entfernung oder durch die Linse der Kamera echt und beeindruckend wirken, sondern auch aus nächster Nähe, selbst dann, wenn man sich in ihnen bewegt. Gleichzeitig erkennt der Künstler wohl auch, dass er hier die Chance hat, sein Vermächtnis zu schaffen. Werke die allemal länger Bestand haben als Filmkulissen und Bühnenbilder. Deshalb betont er auch immer den künstlerischen Anspruch, der den Europa-Park später von vielen anderen Parks unterscheiden wird.

Ulrich Damrau bringt also ein Talent in den Park ein, das der Handwerker- und Ingenieursfamilie Mack fehlt und das dringend gebraucht wird. Er wird den Park so stark prägen, wie es sonst nur Mitglieder der Familie getan haben. Mit dem italienischen Viertel liefert er gleich ein erstes Meisterstück ab, an der sich jeder weitere europäische Stadtteil messen muss. Schon früh wird die künstlerische Entscheidung getroffen, dass der Park nicht aus Kulissen, sondern aus Gebäuden, die eine Funktion erfüllen, bestehen soll – ob es nun eine Achterbahn oder ein Toilettenhäuschen beherbergt.

Damrau entwirft nicht nur Stadtviertel, Gebäude und Häuserfassaden, sondern auch die Möbel und Lampen. Nie kopiert er dabei einfach ein berühmtes Bauwerk, er hat Respekt vor dem Original und ihm ist klar, dass der Besucher die Kopie des Palazzo Vecchio von Florenz oder des Eifelturms immer nur als billige Kopie des Originals ansehen wird. Dem Architekten geht es darum, den Baustil so vollkommen wie möglich zu imitieren, dass es vor dem Blick der Kunstliebhaber bestehen kann, aber auch der architektonisch ahnungslose Besucher sofort spürt, wo er sich befindet.

Dabei wird mit Klischees gespielt, ohne sie zu übertreiben. Die klassischen Gebäude Damraus lassen auch einen kulturellen Anspruch erkennen, der über einen normalen Freizeitpark hinausreicht. In diese künstlichen Welten fügen sich später auch echte historische Gebäude wie *Schloss Balthasar*, das historische *Vogtshaus* ohne größere Stilbrüche ein. Diesen kulturellen Anspruch hat Roland Mack nicht nur unterstützt, er hat ihn auch verinnerlicht. Sichtbar ist dieser Ansatz bis heute im kleinsten Detail etwa bei der liebevollen Ausstattung der Hotels im jeweiligen Stil. Damrau war derjenige, der den Freizeitpark vom normalen Jahrmarkt meilenweit abheben konnte und ihm sein eigenes Niveau verlieh. Der weltgewandte Künstler und die bodenständigen Macks bilden eine ungleiche Partnerschaft. Sie kommen aus diametral gegensätzlichen Disziplinen, aber sind sich einig im Ernst und dem Pflichtbewusstsein, mit denen sie ihre Arbeit erfüllen: Prozesskontrolle und Detailgenauigkeit. Doch Konflikte bleiben nicht aus. Damrau ist bereits über 60, als er im Europa-Park anfängt. Er betrachtet den Park mit jedem neuen Themenbereich auch immer mehr als sein Werk, pocht auf seinen künstlerischen Anspruch und gestalterische Freiheiten und ist unduldsam. In seine Entwürfe lässt er sich nur ungern hineinreden, ignoriert auch gerne mal die technischen Bedürfnisse. Immer wieder kommt es zu harten Auseinandersetzungen zwischen ihm und Franz Mack: »Der Damrau kann nicht mal das Kettenmaß einhalten«, sagt Franz Mack, der es gewohnt ist, mit höchster Präzision Schienen und Fahrzeuge zu konstruieren. Damrau blickt ein wenig auf den badischen Erbsenzähler herab, der die künstlerische Tiefe seiner Entwürfe nicht würdigt, sondern nur den Zollstock anlegt und nachmisst. Mehr als einmal packt er nach solchen Auseinandersetzungen mit dramatischer Pose die Koffer. Roland Mack sagt heute: »Es war oft die Hölle.«

Der Juniorchef ist in dieser Zeit als Pendeldiplomat zwischen den alten Herren unterwegs, von Franz gelegentlich verdächtigt, eher auf der Seite »des Künschtlers« zu stehen. Aber Roland sieht noch klarer als sein Vater, wie unverzichtbar dieser Künstler für den Park ist. Damrau wiederum muss lernen, seine Bauten an die Bedürfnisse der Fahrgeschäfte anzupassen. Das Spannungsverhältnis bleibt bis zum Schluss bestehen. Aber es entsteht auch eine Freundschaft, die jede Auseinandersetzung übersteht. Damrau und seine Frau, die bald aus München nach Rust übersiedeln, werden ein Teil der Familie. Sie sind oft Anlaufstelle von Roland Macks Söhnen, wenn sie aus der Schule kommen. Dort gibt es Mittagessen und Damraus Frau Gisela, die als Lehrerin gearbeitet hat, betreut die Jungs bei den Hausaufgaben.

Derweil entstehen immer neue Viertel. Auf Italien folgen Holland und England. Dann, in den 90er-Jahren, Skandinavien, Spanien und die Deutsche Allee. Das konsequent verfolgte europäische Themenkonzept wird zum Markenzeichen des Parks. Damrau ist bis ins hohe Alter produktiv und mit seinen Entwürfen auf der Höhe der Zeit. Die Stadtviertel aus seiner Feder wirken nie museal, er ist in allen Baustilen zu Hause. Es gelingt ihm, die eigentümliche Mischung aus Tradition und Moderne, wie man sie nur in Paris findet, einzufangen, er erschafft zwischen Fachwerk und Barock eine Allee, die deutscher nicht sein könnte, und bildet das südeuropäische Flair eines spanischen Straßenzugs nahezu perfekt ab.

Bei aller künstlerischen Freiheit bleibt er historisch präzise. Die Piratenfahrt im holländischen Teil spielt nicht in der Karibik, denn dort hatten die Holländer nie Kolonien, er verlegt sie ins Indonesien des 18. Jahrhunderts, wo die Ostindienkompanie ihre Handelsstützpunkte errichtete. So erhalten die *Piraten von Batavia* ihre historische Verwurzelung und auch eine Prise Zivilisationskritik. Wer sich darauf einlässt und vielleicht mehr als einmal das Floß besteigt, wird auch merken, dass die Fahrt einer geschickten Dramaturgie folgt. Die Bewohner des Dorfs, gequält von den Exzessen der Piraten und der Kolonialherren, fliehen am Schluss in den Dschungel und leben im Einklang mit der Natur.

Gerade die Piraten waren eine denkwürdige Baustelle. Nicht nur für Damrau, auch für Franz und Roland Mack. Als das holländische Dorf eröffnet wurde, sprach man im Team vom »Fluch der Piraten«. An einem Sonntagnachmittag während der Bauarbeiten stürzt Franz Mack an der Stelle, wo die Piratenfahrt entstehen soll, in eine Baugrube und muss mit gebrochenem Bein ins Krankenhaus gebracht werden. Damrau ist als nächstes an der Reihe. Hatte er sich zunächst noch darüber aufgeregt, dass der Seniorchef auf der Baustelle nichts zu suchen habe, stürzt er eine Woche später an gleicher Stelle. Weitere Unfälle folgen, der Chefelektriker verletzt sich und schließlich verstaucht sich auch Roland das Bein. Was die Piraten so sehr erzürnte, bleibt ungeklärt.

2007 stirbt Ulrich Damrau im Alter von 92 Jahren. Es ist schwer zu sagen, was er dazu gesagt hätte, dass der Europa-Park mit dem *Bell Rock* Hotel den alten Kontinent verlassen und sich bis an die West-Küste der USA ausgedehnt hat. Er hätte wahrscheinlich die Inkonsequenz getadelt und sich dann trotzdem in die Arbeit für dieses Projekt gestürzt.

Wachstumsschmerzen

Schon in der zweiten Saison, es gibt gerade eine handvoll Attraktionen, kommen 700.000 Besucher in den Park. Mit diesem Ansturm hatte keiner gerechnet. Franz Mack blickt an einem Morgen auf die Menschenschlangen vor seinem Park und sagt in seiner bekannt grimmigen Art, die wohl eine Mischung aus Begeisterung und einem kurzen Anflug von Sorge vor der eigenen Courage ausdrücken soll: »Jetzt hämmer de Brägel.« Was auf Badisch so viel heißt wie: »Jetzt haben wir den Salat.«

Das Gleiche denken wohl auch viele der Bürger von Rust und der Nachbargemeinde Kappel-Grafenhausen, wenn sie während der Saison auf die Straße vor ihrem Haus blicken. Dort wälzen sich an schönen Sommertagen und vor allem am Wochenende bald tausende Autos Stoßstange an Stoßstange dem Park entgegen. Deshalb gibt es schon im zweiten Sommer in den Nachbargemeinden Diskussionen über das hohe Verkehrsaufkommen in den Orten. Es entsteht eine erste Bürgerinitiative in Kappel-Grafenhausen, die gegen die Verkehrsbelastung protestiert. Es sind die politisch durchaus unruhigen 70er-Jahre, man kann in dieser Zeit nie so genau wissen, was aus dem schwelenden Bürgerprotest werden kann. Die Politiker tun also gut daran, die Nöte der Bürger ernst zu nehmen. Und so diskutieren die Bürgermeister der Region, der Landrat und bald auch Ministerialbeamte verschiedene Varianten der Verkehrsführung.

Ein langwieriges Verfahren beginnt. Über 25 Jahre werden Varianten diskutiert, geplant, verworfen und wieder aufgenommen. Währenddessen schiebt sich eine wachsende Blechlawine weiter durch Rust und die angrenzenden Orte.

Die ewige Diskussion über eine eigene Autobahnausfahrt für den Park ist ein Lehrstück darüber, wie wenig sensibel Bürokratie gegenüber Problemen sein kann, selbst dann, wenn Wirtschafts- und Bürgerinteressen in die gleiche Richtung weisen. Und selbst dann, wenn man exzellente Beziehungen in die Spitzen der Politik hat wie die Macks.

Die eigene Autobahnausfahrt gilt als Königsweg für das Problem. Der Bürgermeister von Kappel-Grafenhausen hält sie für ebenso ideal wie chancenlos. Tatsächlich lehnt das Bundesverkehrsministerium die »Europa-Park-Ausfahrt« 1977 ab. 1985 nach vielen Diskussionen, Hintergrundgesprächen und Eingaben genehmigt das Bundesverkehrsministerium dann immerhin eine Autobahnausfahrt für das nahegelegene Herbolzheim. Allein in diesem Jahr kommen bereits 1,5 Millionen Menschen in den Europa-Park.

1990 bekommt Herbolzheim seinen Anschluss. Nun können die Parkbesucher immerhin über zwei Autobahnausfahrten, Herbolzheim im Süden und Ettenheim im Norden, in den Park gelangen. Es gibt weniger Staus, aber das ist nur eine Lösung auf Zeit. Denn je weiter der Park wächst, desto mehr Autos müssen kanalisiert werden. Zudem ist nun auch das Örtchen Rheinhausen mit dem Verkehr belastet. »Neue Autobahn schafft neue Probleme«, titelt die *Badische Zeitung*. Im nächsten Jahr kommen zwei Millionen Besucher in den Park. An Spitzentagen werden 7.000 Autos auf dem Parkplatz gezählt, mehr als vor manchem Fußballstadion. Bürger demonstrieren jetzt auch in Rheinhausen, der *Ettenheimer Heimatbote* schreibt: »Viele Wege führen nach Rust, warum kein direkter?«

Das fragt sich natürlich auch die Parkleitung. Doch weder flammende Appelle der Bürgermeister und des Landrats noch die Kontakte der Macks zur in Bund und Land regierenden CDU beschleunigen das Verfahren. 1993 kommen bereits 2,5 Millionen Besucher in den Park, mehr als die Hälfte mit dem Auto. 1,5 Millionen davon fahren durch Kappel-Grafenhausen. Die Bürger werden ungeduldig. Inzwischen hat das Bundesverkehrsministerium zumindest zugesagt, dass die Autobahnausfahrt bis in vier Jahren gebaut werden könnte, relativiert aber später, es müssten auch andere Varianten geprüft werden. Nach 20 Jahren gibt es also noch immer keine Lösung.

In dieser Zeit, in der in den Orten über die Autobahnausfahrt diskutiert wurde und die Entscheidungen in den Ministerien hin und hergeschoben wurden, hat sich die Fläche des Parks von anfangs 15 Hektar um ein Vielfaches vergrößert. Immer weitere Äcker und Flächen haben die Macks dazugekauft und in französische, skandinavische oder spanische Stadtviertel verwandelt. Jedes für sich ein Millionenprojekt. Es entstehen zwei Hotels, ein drittes ist im Bau. Der Park empfängt seit der Jahrtausendwende über drei Millionen Gäste jährlich und hat zwei Jahre später zum ersten Mal auch im Winter geöffnet. Sogar in der Nebensaison kommen noch über 180.000 Besucher.

Es ist wohl zu einem großen Teil dem damaligen Landesverkehrsminister Hermann Schaufler zu verdanken, dass es dann doch etwas wurde mit der Verkehrsanbindung. Roland Mack sagt, er sei es gewesen, der den Durchbruch schaffte, weil er diese Frage zur Chefsache gemacht habe. 1995 wendet sich schließlich der damalige Ministerpräsident Erwin Teufel persönlich an den damaligen Bundesverkehrsminister Jürgen Wissmann, um schnellstmöglich eine Entscheidung für den Autobahnanschluss herbeizuführen. 1999 findet dann endlich der Spatenstich statt. 2002 wird die Autobahnausfahrt eröffnet.

Während etwa zur gleichen Zeit in Bottrop ein Filmpark eröffnet wird, der 60 Millionen Mark vom Staat erhält und dazu zwei Autobahnausfahrten, müssen die Macks selbst schließlich mit 7,5 Millionen Euro dazu beitragen, dass die Ausfahrt endlich gebaut wird. Zusätzlich müssen noch einmal fünf Millionen in ein etwas delikates Problem investiert werden: Eine Antenne mit einem Durchmesser von 43 Metern steht im Weg.

In Niederhausen gleich hinter dem Park hat offiziell das Ionosphäreninstituts seinen Sitz. In Wirklichkeit handelt es sich dabei wohl um einen Horchposten der deutschen Geheimdienste. Genauere Auskünfte darüber gibt es weder für die Presse noch für den Bundestagsabgeordneten des Landkreises, der sich im Zuge der Affäre um den amerikanischen Geheimdienst NSA über die Rolle der mysteriösen Einrichtung erkundigt hatte. Alles streng geheim. Das Auffälligste an dem geheimnisvollen Institut ist eben die gewaltige Parabolantenne. Während der 30 Jahre andauernden Debatten um den Bau der Autobahnausfahrt wurde der Kalte Krieg beendet und Deutschland ist wiedervereinigt. Auch die Abhörtechnik ist längst moderner und kleiner geworden. Die wuchtige Antenne der Ionosphärenlauscher ist überflüssig. Aber sie stand noch herum und versperrte den Platz für den neuen Parkplatz. Wenn der Europa-Park das Gelände übernehmen wolle, solle er das sperrige Gerät entsorgen, befindet die Regierung. Roland Mack muss nicht lange nachdenken. Er lässt das 400-Tonnen-Monstrum mit Schwertransportern vom Parkplatz in das russische Dorf bringen. Dort ist es bis heute zu sehen.

5.
Große Schritte

1985, zehn Jahre nach der Eröffnung des Europa-Park, können die Macks auf ein florierendes Unternehmen blicken. Schon nach drei Jahren knackten sie die Millionen-Besucher-Grenze. Mit dem italienischen und dem holländischen Stadtviertel sind Stil und Anspruch für die nächsten Jahre vorgegeben. Im gleichen Jahr werden mit dem *Alpenexpress* und der *Bobbahn* auch die ersten rasanteren Bahnen eröffnet.

Mit der *Bobbahn* gibt es erstmals Probleme beim Bau eines Fahrgeschäfts. Die Eröffnung verschiebt sich um ein halbes Jahr. Wie alle Fahrgeschäfte der damaligen Zeit war auch die *Bobbahn* von Franz Mack entworfen und geplant und anschließend vom Waldkircher Betrieb gebaut worden. Ein teures Projekt und die Hauptattraktion der neuen Saison. Dann, bei der Testfahrt, bleibt der Wagen stecken, es gibt offenbar Probleme in der Streckenführung. Franz Mack will nicht warten, bis die Techniker das Problem gelöst haben, in einer Nacht- und Nebelaktion lässt er Arbeiter einen Teil der Anlage abreißen und neu bauen. »Das ist die einzige Lösung«, sagt der Seniorchef zu seinem Sohn. Eine teure Lösung, aber schließlich kann die Bahn doch noch in der laufenden Saison in Betrieb gehen.

Roland Mack wird in den nächsten Jahren immer mehr zur bestimmenden Figur im Park. Doch er entscheidet alle wichtigen Fragen zusammen mit dem Vater, der sich auch weiterhin um den Waldkircher Betrieb kümmert.

Ab 1987 wird aus dem Führungsduo im Park ein Trio. Mit Jürgen Mack tritt ein weiteres Familienmitglied ins Unternehmen ein. Er hatte eigentlich eine Bankausbildung angestrebt, dann aber auf Empfehlung seines Bruder in Karlsruhe ein Wirtschaftsingenieurstudium absolviert, eine Ausbildung, die Betriebswirtschaft und Technik vereint, also eine ziemlich ideale Vorbereitung auf spätere Aufgaben sowohl im Familienunternehmen in Waldkirch als auch im Park. Nach einigen Arbeitsaufenthalten in den USA und Praktika in verschiedenen Freizeiteinrichtungen ist er in Rust zunächst für das Showgeschäft zuständig. Im italienischen Themenbereich gibt es zu dieser Zeit ein jährlich wechselndes Varieté-Programm. Ein Zweig, der in den kommenden Jahren an Bedeutung gewinnen wird, wenn der Park auch zunehmend außerhalb des eigenen Geländes, etwa auf Galas wie dem Ball des Sports, für Unterhaltung sorgt.

Das Showgeschäft ist nicht unbedingt ein Bereich, der dem eher stillen Bruder entspricht. Jürgen Mack findet seine Bestimmung als Finanzchef im Unternehmen, übernimmt viele organisatorische Aufgaben. Seine Rolle des Innenministers ergänzt sich gut mit der des Außenministers Roland. Auch im Übergang der Generationen übernimmt Jürgen die Funktion als Vermittler und Moderator.

Für die kommenden Aufgaben ist es Mitte der 80er-Jahre gut, wenn sich die Verantwortung auch in der Führungsspitze auf mehrere Köpfe verteilt. Dem Park steht eine enorme Wachstumsphase bevor. Und wieder sind die Macks dabei auf sich allein gestellt.

Hotels

Wer bei Monopoly ein Hotel auf die Schlossallee bauen kann, der ist auf der Siegerstraße. Es ist das beste Geschäft, das man in diesem Spiel um Geld und Erfolg machen kann. Roland

Mack ist kein Spieler und Rust scheint auf den ersten Blick nicht gerade die Schlossallee zu sein. Das zeigte sich immer wieder, wenn sich die Macks auf die Suche nach Investoren gemacht haben. Aber die Hotels mit direkter Anbindung an den Park waren, wie sich heute zeigt, eine hervorragende Investition. Sie haben den Park noch einmal in eine neue Liga katapultiert und Rust zu einem Kurzurlaubsziel aufgewertet. In dem 4.000-Einwohner-Ort stehen nun fünf Hotels der Spitzenklasse, dass Restaurant *Ammolite* im jüngst eröffneten Hotel *Bell Rock* wurde gleich im ersten Jahr von Michelin mit einem Stern bedacht. Nun stehen sie da und das Konzept aus Themenpark und Themenhotels mitten in der Provinz wirkt ungeheuer schlüssig. Dass die Hotels einmal rund ums Jahr ausgelastet sein würden, hatte in der Planungsphase jedoch kaum einer geglaubt. Auch die Hotels spiegeln einen Erfolg, in den anfangs niemand investieren wollte.

Hotellerie, damit hatten die Macks bis Anfang der 90er-Jahre nie etwas zu tun gehabt. Der Sprung in dieses vollkommen neue Terrain geschah, wie immer, tastend. Roland Mack hatte schon an den großen Parks in den USA ablesen können, dass Hotels am Ort ab einer gewissen Größe der zwingende nächste Schritt sein müssten. Irgendwann sind die Besucher von dem Überangebot so überwältigt, dass sie das Gefühl haben, nicht mehr alle Attraktionen an einem Tag zu schaffen. Zudem stieg die Zahl der Übernachtungen in den Pensionen von Rust immer stärker an, auch Umfragen unter den Besuchern zeigten das Potenzial. Mit Hotels könnte der Park vom Ausflugsziel zu einem Kurzreiseziel werden.

Für Roland Mack war dies also der logische nächste Schritt in der Entwicklung des Parks. Franz Mack dagegen war skeptisch. Für ihn war die Hotellerie der Schritt, der zu weit weg führte vom eigentlichen Kern, dem Fahrgeschäft, mit dem die Familie seit Generationen Geld verdient. Zwar war die Gastronomie einst auch ein neuer Bereich, aber zum einen gehörten Snack-Stationen und Restaurants seit jeher zum klassischen Repertoire im Schaustellergewerbe und zum anderen war Franz Mack von Beginn an klar, ohne die kulinarische Verpflegung funktioniert ein Freizeitpark nicht. Aber von Dingen, von denen man keine Ahnung hat – Hotellerie –, sollte man die Finger lassen, fand der Seniorchef. Wie immer gab er seine Meinung knapp zu Protokoll: »Die Leute sollen halt in Freiburg übernachten«. Auch befreundete Parkbetreiber warnen. Roland Mack dachte anders darüber, ihm war die Infrastruktur der US-Parks von der Gastronomie bis hin zu den Hotels seit Langem vertraut. Dort schliefen die Menschen im gleichen märchenhaften Ambiente, in dem sie den Tag verbracht hatten. Schon morgens zum Frühstück wurden die Kinder von der Mickey Maus begrüßt. Das ausschlaggebende Argument für die Hotellerie war nicht, den Besuchern ein möglichst langes Europa-Park-Erlebnis zu ermöglichen, sondern weitergehende Überlegungen. Inklusive Übernachtungen vergrößert sich das Einzugsgebiet erheblich. Der Park kann neue Kundenkreise erschließen.

Zu Beginn der 90er-Jahre rückt für den Europa-Park die Konkurrenz näher. Der Disney-Konzern eröffnet 1992 Disneyland Paris, ebenfalls mit Erlebnishotels, und wirbt dafür auf allen Kanälen. Paris ist kaum vier Stunden von Rust entfernt und auch wenn Disney am Anfang viele Fehler macht und zu wenig auf die Bedürfnisse des europäischen Publikums eingeht, Roland Mack weiß um die Anziehungskraft des ersten Disneyland in Europa. Dem muss der familiengeführte Park in Rust etwas entgegensetzen. Aber werden die Menschen ein Erlebnishotel in der Ortenau annehmen? Übernimmt sich das Familienunternehmen damit? Können sie das überhaupt?

Auch in Rust sind viele, vor allem Pensionsbesitzer, zunächst skeptisch, als sie von den Hotelplänen der Macks hören. Wollen uns die Macks nun die Übernachtungsgäste streitig machen? Eine Sorge, die sich als unbegründet erweisen sollte. Die Hotels ziehen heute immer mehr Gäste in den Ort, alle Pensionen sind bestens belegt. Allerdings ist auch der Standard bei den privaten Vermietern seitdem gestiegen.

Roland Mack nimmt die Warnungen aus seinem Umfeld ernst. Er schreckt anfangs vor der Vorstellung zurück, nun auch noch zum Hotelier zu werden. Wenn schon Hotels, dann solle man zumindest Partner finden. Er müsse keine Steine besitzen, sagt er. Wichtig sei nur, dass sich die Hotels baulich und vor allem was den Service betrifft auf dem gleichen Level befinden wie der Park. Dafür kommen nur bestimmte Partner in Frage. Die Macks sprechen mit den Managern der großen Hotelketten, laden sie ein, präsentieren ihre Kalkulation.

Doch die Geschichte wiederholt sich. Alle, mit denen sie reden, winken ab. Die Manager halten die Konjunktur des Freizeitparks für schwer abschätzbar, sie glauben nicht, dass der Park für eine ausreichende Auslastung garantieren kann. Sie sehen nur das Saisongeschäft. Wo sollen die Besucher in der zweiten Hälfte des Jahres herkommen? Auch die Idee, Tagungen zu organisieren, überzeugt nicht. Die Fachleute sagen, man müsse sich entscheiden, ob man ein Tagungshotel, ein Familienhotel oder ein Businesshotel eröffnen wolle. Das eine schließe das andere aus.

Wieder steht die Familie alleine da. Wie bei der Gründung, als kein Pächter die Gastronomie im Park übernehmen wollte. Der Gesprächspartner, mit dem die Macks in dieser Zeit redet, ist ein einflussreicher Hotelmanager und kennt die Branche gut. Roland Mack führt ihn durch sein Reich, erklärt ihm die Feinheiten seines Geschäfts und berichtet, dass sich bisher keiner der großen Hotelbetreiber an ein Hotel in Rust herangetraut hätte. Der Mann hört sich all das an, dann sagt er: »Sie haben hier doch, was sie brauchen. Wenn ich an Ihrer Stelle wäre, würde ich das selbst machen.« Es war wahrscheinlich der ehrlichste Rat, den die Macks in dieser Frage bekommen konnten.

Also macht sich das bewährte Team an die Planung. Schnell ist klar, das neue Hotel soll Teil des spanischen Stadtviertels werden und *El Andaluz* heißen. Die ersten Entwürfe stammen aus der Feder des zu dieser Zeit fast 80-jährigen Ulrich Damrau. Zusammen mit den bayrischen Innenausstattern Rudi und Hanni Neumeier entwerfen sie ein Hotel im spanischen Stil. Kulissen gab es zwar noch nie im Europa-Park, doch jetzt geht es darum, Räume zu gestalteten, in denen die Menschen länger verweilen. Es geht also noch mehr als bisher darum, Räume bis ins kleinste Detail zu gestalten. Diesmal sollen auch Antiquitäten zum Einsatz kommen.

Rudi Neumeier ist ein Spezialist, wenn es darum geht, Antiquitäten und Originalstücke in Italien und Spanien aufzutreiben. Wenn er nicht in seinem Ausstattungshaus südlich von München ist, verbringt er einen großen Teil seiner Zeit damit, auf französischen Flohmärkten, bei Familien und Händlern in der spanischen und italienischen Provinz alte Türen, Gemälde, Kacheln, Dachschindeln und Möbelstücke aufzuspüren. Sie sind die Rohstoffe, die die Hotels später so authentisch erscheinen lassen.

Damrau ist von der Idee, Originalstücke zu verwenden, anfangs wenig begeistert, er würde gerne an seinem Credo, »nicht kopieren, sondern aus dem Geist der Architektur etwas Eigenes zu schaffen«, auch bei der Inneneinrichtung der Hotels festhalten. Doch Roland Mack ist klar, dass man in den Hotels nicht an Originalen vorbeikommt, will man ein wirklich hochwertiges Ambiente schaffen. Die Mischung aus nachempfundener Architektur und Originalstücken des jeweiligen Landes schafft erst die Atmosphäre, die die Menschen tatsächlich in eine andere Region Europas versetzt. An dieses kostspielige Prinzip wird sich der Europa-Park auch bei allen künftigen Hotels halten.

Vier Stockwerke sind für das *El Andaluz* geplant. Franz Mack bleibt den Hotelunternehmungen gegenüber skeptisch, teilt den Optimismus seines Sohnes nicht. Er macht sich Sorgen, dass das Haus an der Südseite des Parks ausgelastet ist. So greift er auf seine ganz eigene Art in die Entscheidung ein. Roland Mack kann heute darüber lachen, wenn er die Geschichte erzählt. Franz Mack sei nachts ins Zeichenbüro gegangen, habe die Rasierklinge gezückt und ganz akkurat das vierte Stockwerk aus dem Plan herausgeschnitten. Das Dach setzte er anschließend wieder obenauf. Ein klares Votum des Seniors, der zwar längst nur noch Minderheitengesellschafter ist, aber immer noch in alle Entscheidungen eingebunden wird. Dank der nächtlichen Operation des Vaters wurde das *El Andaluz* dann um ein Stockwerk verkürzt gebaut. Dem Hotel fehlen dadurch an die hundert Zimmer. Kapazitäten, die man heute gut brauchen könnte, wie sein Sohn anmerkt.

Roland Mack ist immer aufgeregt, wenn neue Attraktionen auf dem Gelände gebaut werden. Vieles kann gerade in dieser Phase schiefgehen, muss auf der Stelle neu entschieden werden. Immer wieder schaut er wie ein Häuslebauer nach dem Rechten. Aber der Schritt zum eigenen Hotel ist noch einmal etwas ganz anderes. Vier Jahre wurde daran geplant und diskutiert, es gab viele Widerstände, nicht nur vom Vater. Mit dem Hotel zu scheitern, wäre ein großer Verlust, nicht nur finanziell, auch für das Image des Parks und erst recht für das Ego von Roland Mack. Wohl keine Baustelle hat er häufiger aufgesucht als diese Anfang der 90er-Jahre.

Wie immer versucht Roland Mack alles Wissenswerte über die neue Branche zu erfahren. Er hat sich genau informiert, wie es die großen Vorbilder in den USA machen und das Konzept dann für sich angepasst. Der heutige Direktor für »Operation and Service«, Volker Klaiber, der einmal als persönlicher Referent von Roland Mack angefangen hat, erzählt, dass der Chef auch später noch bei Dienstreisen kein Hotel ausgelassen habe. Oft seien beide noch spät am Abend durch die Hotelflure gestreift, der Chef immer auf der Suche nach Ideen und Anregungen.

In der Saison 1995 eröffnet das *El Andaluz* als erstes Hotel in einem deutschen Freizeitpark. Zirkuspfarrer Ernst Heller segnet das Gebäude, Freunde und Familienmitglieder durften Probe wohnen. Nun müssen erst einmal alle lernen, diese neuen Betriebe ins Unternehmen zu integrieren. Anfangs werden auch die Hotelchefs in das Mack-Prinzip – jeder muss von allem Ahnung haben – einbezogen. Auch sie sollen regelmäßig Tagesdienst als Parkleiter schieben. Doch es zeigt sich, dass Hotelführung ein ganz eigenes Geschäft ist und auch die Parkleitung immer mehr Spezialistentum erfordert.

Heute laufen diese Geschäftsbereiche, die anfänglich von Heinz Schmid und Armin Rosenkranz geführt wurden, personell getrennt und Rolands Sohn Thomas trägt die Verantwortung für die Hotels und die Gastronomie im gesamten Park.

Vier weitere Hotels später ist Roland Mack froh darüber, dass er seine Hotels selbst betreibt. Der Park wäre wohl heute ein anderer, wenn man damals einen Pächter gefunden hätte, anstatt sich selbst in dieses Geschäft zu stürzen. Hotels und Park müssen sich in der Ausstattung stets auf dem gleichen Niveau befinden. Bei Rabatt-Aktionen und Saisonangeboten gibt es enge Abstimmungen. Das wäre womöglich mit einer Hotelkette sehr kompliziert geworden, sagt Roland Mack. Andere Parks, die ihre Gastronomie verpachtet haben, berichten nicht selten von Streitigkeiten im Kleinsten. Mit solchem Kleinkram müssen sie sich in Rust nicht herumschlagen. Hier kommt alles aus einer Hand. Am Ende merkt das auch der Gast, davon ist Roland Mack überzeugt.

Der Europa-Park hat damit einen Trend vorweggenommen. Hotels, so sehen es heute auch andere Parkbetreiber, sind für Freizeitparks in Deutschland zu einer Existenzfrage geworden. Um eine solche Einrichtung attraktiv zu halten und immer wieder mit neuen Attraktionen aufwarten zu können, braucht man neue Besucherkreise, für die die Anfahrt nur lohnt, wenn sie ein oder zwei Nächte bleiben. Ralf-Richard Kenter, Geschäftsführer des *Phantasialand*, das seinen Gästen inzwischen selbst zwei Hotels offeriert, sagt in einem Interview, er glaube, die großen Freizeitparks müssten alle zu Kurzurlaubszielen werden. »Wer diese Entwicklung des Geschäftsmodells verschläft, wird große Probleme bekommen.«

Dem *El Andaluz* folgt 1997 eine Erweiterung mit 160 Betten und 1999 das Hotel *Castillo Alcazar*. Ein imposanter Bau im Stil einer spanischen Burg, der elf Millionen Euro kostet. Mit dem *Alcazar* wird die Bettenzahl fast verdoppelt. Auch das zweite Hotel ist bald ausgebucht. Dank der Konferenzen, die der Park verstärkt anzieht, sind die Zimmer nun auch außerhalb der Saison gut ausgelastet. Roland Mack kann den Erfolg wie immer höchstens kurz genießen. Er grübelt schon über dem nächsten Großprojekt.

Es war Rudi Neumeier, der an einem Abend das Stichwort *Colosseo* in die Runde warf. Neumeier, der begeisterte Spanien- und Italienreisende, stellt sich ein Hotel im Stil des größten Baus der römischen Antike vor. Eine Idee, die ebenso mitreißend ist wie, nun ja, im Wortsinne kolossal.

Das historische Kolosseum war von den römischen Kaisern als ein Amphitheater mit Sitzplätzen gebaut worden. Eine offene Arena also. Wie soll man dieser charakteristischen Architektur treu bleiben und trotzdem in dem Rund Hotelzimmer unterbringen? Die ersten Entwürfe eines externen Architekten zeigen ein gigantisches Amphitheater aus Glas, in das die Zimmer eingebaut sind. Eine teure und auch optisch wenig überzeugende Lösung. Man überlegt, die bekannte Silhouette des Colosseum um 90 Grad zu wenden, quasi aufzustellen, um genügend Zimmer unterzubringen. Der Entwurf des Architekten wird zigmal überarbeitet und bleibt doch unbefriedigend. Franz Mack zeigt wie immer in solchen Fällen sein Missfallen mit nur wenigen Worten. Roland ruft einen Kreis aus Vertrauten zusammen: Rudi Neumeier, Ulrich Damrau und auch Anwalt Michael Thoma sind dabei. Sie reisen an den Originalschauplatz nach Rom. Sie stehen in der Arena, sind beeindruckt von dem 2.000

Jahre alten Monument. Dabei wird jedem von ihnen klar, was immer schon die Leitlinie des Parks war. Es darf keine schlichte Kopie werden. Ein geschrumpftes Kolosseum in Rust wird immer nur ein Abklatsch des Originals sein. Es braucht eine Idee für dieses Gebäude, die mit dem Motiv dieses Kulturdenkmals spielt, sich aber trotzdem weit genug vom Original entfernt. Es ist Roland Mack, der darauf kommt, sich mit dem Hauptgebäude an den bunten Häusern der Bucht von Portofino zu orientieren. Diese Idee ist der Durchbruch. Heute vereint das *Colosseo* mit seinem klassizistischen Portal, den bunten Häusern von Portofino und den Ruinen eines antiken Amphitheaters sehr geschickt die italienischen Baustile, wie sie auch dort auf engem Raum anzutreffen wären. Die Piazza in der Mitte, mit ihren Cafés, Restaurants und dem Springbrunnen, erwacht an Sommerabenden zum mediterranen Leben. Die Eingangshalle ist mit Marmor ausgelegt, es gibt ein großzügiges Atrium mit einem an Michelangelo erinnernden Fresko in der Hotelkuppel. Die Wände in den Suiten sind mit Fresken im Stil Leonardo da Vincis geschmückt.

Das *Colosseo* ist das erste Vier-Sterne-Superior-Hotel der Macks, es lässt bei den Gästen, vor allem auch den Betuchteren, keine Wünsche offen. Der Bau kostete etwa 50 Millionen Euro. Mit ihm sind die Macks nun mit einem Schlag zu den größten Hoteliers Deutschlands aufgestiegen und auch in der Luxusklasse angelangt. Das *Colosseo* bekommt im Jahr der Eröffnung den Branchen-Oscar als Hotel-Immobilie des Jahres.

Es soll nicht das Letzte sein und allmählich gewinnt das Unternehmen eine gewisse Routine beim Bau der luxuriösen Herbergen. 2007 folgt das Hotel *Santa Isabel* neben dem

El Andaluz im Stil eines portugiesischen Klosters und 2012 das *Bell Rock*, das komfortabelste Haus am Platz, im Baustil der amerikanischen Kolonialzeit. Der Bau verschlingt etwa 40 Millionen Euro, ein Viertel davon für die Inneneinrichtung. Auch dieses Hotel trägt wieder die Handschrift von Rudi Neumeier. Sein Team entwirft die Fassade und schlägt als markantes Wahrzeichen einen Leuchtturm vor.

Bei der Gestaltung der Räume gibt es allerdings Unstimmigkeiten. Rudi Neumeier sieht das Neu-England-Hotel als Ausgangspunkt, um in den Suiten mit der gesamten europäischen Kolonialgeschichte zu spielen. Viele Entwürfe haben daher Afrika als Gestaltungsthema. Roland Mack ist das zu weit vom klassizistischen Stil des Gebäudes entfernt. Er möchte auch die Zimmer eher im Stil der amerikanischen Westküste halten. Wieder macht sich Rudi Neumeier auf die Suche nach Originalstücken, findet einen Franzosen, der Teile eines echten Schiffswracks für die Inneneinrichtung liefert, und einen anderen, der Scheunen in Kanada und Neuengland zerlegt und die farbigen Bretter verkauft. Sie sind heute Teil der Bar Spirit of St. Louis, die ganz im amerikanischen Stil der 50er-Jahre gehalten ist. Das Ambiente des Hauses, wie es sich heute präsentiert, ist stimmig, Rudi Neumeier ist stolz darauf, auch wenn weniger Afrika im Haus zu finden ist, als er sich das gewünscht hätte. Und Roland Mack fühlt sich ein weiteres Mal bestätigt, dass er sich auf sein Bauchgefühl verlassen kann.

Dieses Gesamtpaket aus Übernachtungen und Veranstaltungen erweist sich als ungeheurer Erfolg. Und das auf einem Feld, auf das sich die Macks eigentlich nicht hatten vorwagen wollen und auf das ihnen wieder einmal keiner folgen wollte. Heute hat der Park 4.500 Betten in allen Kategorien zwischen *Bell Rock* und Camp Resort – nahezu für jeden Geldbeutel. Ein Drittel der Parkmitarbeiter zählen zur Hotelbelegschaft. Jetzt zeigt sich, der Parkbetrieb und die Führung von Hotels haben auch Berührungspunkte. Zunächst löst der Park recht elegant ein Problem, vor dem jedes Hotel steht. Wo kommen die Gäste her? Die Hotels wiederum werten den Park auf.

Flankiert wird die Auslastung der Hotels von einem weiteren Geschäftsfeld, das im Park in den letzten Jahren große Bedeutung bekommen hat: das sogenannte Confertainment.

Arbeiten, wo andere Urlaub machen, diese Idee hat schon vor Jahren manche reizvoll gelegene Stadt entdeckt, und an vielen Stellen schossen mal mehr, mal weniger gelungene Mehrzweckhallen aus der Erde. Denn schon immer waren Ärztekongresse und Fachtagungen, die etwa in Skigebieten abgehalten wurden, besonders schnell ausgebucht. Tagungen und Kongresse im Freizeitpark zu veranstalten war also keine Idee, die ganz fern lag. Aber wie so oft wuchs der Park langsam in diese neue Sparte hinein. Seit 1995, mit der Eröffnung der Hotels, gibt es für Firmen und Verbände die Möglichkeit, in Konferenzräumen unterschiedlicher Größe zu tagen. Wieder einmal hat sich die Skepsis externer Berater nicht bewahrheitet. Ein Freizeitpark harmoniert sehr gut mit geschäftlichen Versammlungen.

Und der Europa-Park weiß natürlich, wie man für dieses neue Angebot sehr öffentlichkeitswirksam wirbt: 2001 veranstaltet zuerst die baden-württembergische CDU ihren Landesparteitag im Europa-Park. 2005 startet Gerhard Schröder seinen Wahlkampf dort und bis heute haben inzwischen – bis auf die Linkspartei – alle der im Bundestag vertretenen Parteien schon einmal den Ruster Freizeitpark als Tagungsort gewählt.

Heute finden über 1.300 Veranstaltungen im Jahr statt, von der Taufe bis zur Branchenkonferenz, mal im Berliner Ballsaal, mal im Western-Saloon. Räume gibt es genug und auch für Entertainment in allen Größenordnungen sorgen die hauseigenen Künstler. Große Unternehmen wie Migros oder Mercedes-Benz haben während der Schließzeiten auch schon mal den ganzen Park für ihre Mitarbeiter gemietet. Die Confertainment-Sparte ist inzwischen eine der gewinnträchtigsten Geschäftsfelder für den Park, sagt Roland Mack, auch wenn er keine Zahlen nennen möchte.

Mit der Spitzenhotellerie kommt auch ein neues Klientel in den Park, wohlhabende Reisende aus ganz Europa und bald auch darüber hinaus, die auf ihrem Deutschlandtrip eine Station in Rust einplanen. Vor dem Eingang parkt ganz demonstrativ zur Werbung ein Porsche Cayenne. Und selbst wer sich ein solches Auto nicht leisten kann, fühlt sich doch für die Zeit des Aufenthalts als Teil der Kaviarliga.

Und die Hotels strahlen auch auf den Ort aus. Viele der Pensionen und Gästehäuser in Rust sind längst selbst zu kleinen Hotels geworden und können höhere Preise erzielen. Der Ort hat mit dem rot-weiß gestreiften Leuchtturm des *Bell Rock* ein weithin sichtbares, wenn auch für die Rheinebene etwas ungewöhnliches Wahrzeichen erhalten. Roland Mack hat sein Büro in diesem Turm. Das passt. Aber es passt ebenfalls, dass er die Etage mit dem besten Ausblick den Gästen überlässt. Dort steht die Präsidentensuite für betuchte Reisende bereit.

Winterwunderland

Als Roland Mack für die Hotels auf der Suche nach Partnern war, wurde immer eine Frage gestellt: Im Sommer werden die Hotels voll sein, aber woher kommen die Gäste im Winter? An dieser Frage arbeitete der Europa-Park seit den 90er-Jahren. Lässt sich die Saison in die Wintermonate ausdehnen? Kommen die Gäste in einen winterlich geschmückten Park, auch wenn es Minusgrade hat? Kurz nach der Jahrtausendwende 2001 wagt es der Park und öffnet seine Tore erstmals in der Vorweihnachtszeit. Es ist wieder dieses Kribbeln zu spüren – wie damals beim ersten Eröffnungstag 1975. Werden genug Menschen trotz kalter Temperaturen in den Park kommen? Wurde genug geworben? Etwas Wichtiges vergessen? Jürgen und Roland Mack stehen am ersten Tag voller Anspannung am Zaun. »Man hat sich da schon gefragt, kommen zehn oder kommen tausend?« Sie können erleichtert sein, als sich schon einige Stunden vor der Öffnung eine Traube von Menschen bildet, die anstehen, um die Weihnachtszeit bei Glühwein und Gebäck in der Deutschen Straße oder im Schweizer Dorf zu verbringen.

Heute kommen bis zu 500.000 Besucher zur Wintersaison. Der Park ist in dieser Zeit in ein Lichtermeer getaucht. In nur wenigen Tagen davor muss er von 150.0000 Kürbissen aus der Halloween-Saison befreit werden und seine opulente Weihnachtsdekoration erhalten. 200.000 Arbeitsstunden kostet es, die Millionen Lichter zu installieren, den Kunstschnee zu verteilen und Weihnachtsflitter noch in die letzte Ecke, auch des portugiesischen Viertels, zu bringen. Vom Riesenrad aus, das nur in dieser Zeit aufgestellt ist, haben die Besucher dann einen spektakulären Blick auf das Lichtermeer dort unten.

Die Wintersaison bedeutet auch die volle Auslastung der Beschäftigten und ist zugleich die Voraussetzung dafür, Ausbildungsplätze zu schaffen – über 100 junge Menschen lernen im Park. Roland Mack sagt, es habe eine Weile gebraucht, bis man auch im Winter die Kosten im Griff gehabt habe und auch die Nebensaison profitabel abschließen konnte. Heute ist die Winteröffnung die zweite Saison mit bis zu 25.000 Besuchern täglich und trägt auch zur Auslastung der Hotels in der kalten Jahreszeit bei. Der Park hat nun fast das ganze Jahr geöffnet, abgesehen vom November und den Monaten Februar und März. Das sorgt für mehr Planungssicherheit auch bei den Mitarbeitern.

Und mancher im Park sagt mit einem Grinsen, nun, wo der Park fast das ganze Jahr geöffnet hat, sei auch der Chef besser ausgelastet, der in den Schließzeiten nur schwer zur Ruhe kommt. Anders als seine Frau, die im Park am liebsten spazieren geht, wenn sie ihn ein bisschen für sich hat, also abends und in den Wintermonaten, fiel es Roland Mack früher immer schwer, in der langen Winterpause zu entspannen. Trotz des Erfolges sieht ein Unternehmer den stillgelegten Park als totes Kapital – eine Zeit ohne Einnahmen und ohne die Möglichkeit, neue Ideen umzusetzen. Das ist nun vorbei.

Der Park hat in der kalten Jahreszeit eine völlig andere Atmosphäre, er ist ruhiger und, trotz der opulenten Dekoration, besinnlicher. Es erinnert an den Glanz der Jahrmärkte früherer Zeiten. Ja, kalt ist es, wenn man den *Alpenexpress* besteigt und einem der Fahrtwind frostig ins Gesicht weht, aber am Glühweinstand kann man sich danach schnell wieder aufwärmen.

Im Licht der Scheinwerfer

Es hat Roland Mack gekränkt, dass sein Park in der Öffentlichkeit lange Zeit wenig beachtet wurde. Heute ist es schwer vorstellbar, aber gerade in den 80er-Jahren, als der Park jedes Jahr mit einer neuen Attraktion eröffnete und schon mit einem internationalen Showprogramm aufwartete, machte selbst die lokale Presse in der Berichterstattung noch einen Bogen um das boomende Freizeitunternehmen an der Elz. Zur gleichen Zeit sorgte etwa Gottlieb Löffelhardt, Chef des *Phantasialand* in Brühl bei Köln, bereits durch seine Freundschaft zu Siegfried und Roy bundesweit für großes Aufsehen. Die beiden Starmagier überließen dem Park 1987 zwei weiße Tiger.

Deutschen Freizeitparks fehlte damals noch der Glanz von Las Vegas. In den Augen der Öffentlichkeit waren sie eher so etwas wie »Flatrate-Jahrmärkte«, bei denen man mit dem Eintritt alle Kosten für die Fahrgeschäfte abgegolten hatte. In der Medienöffentlichkeit sprachen Prominente wie André Heller über das neue Phänomen von »hypotrophen Zeittotschlagsmaschinen« und die Zeit schrieb noch in den 90ern über einen Center-Park in der Lüneburger Heide vom »Ferien-Wackersdorf«. Diese Stimmung hielt sich bis weit in die 90er-Jahre hinein und hatte mit dem Image der Unterhaltungsbranche zu tun, die in Deutschland immer ein wenig unter dem Verdacht des Unseriösen stand und die nach dem Krieg zu großen Teilen erst wieder neu aufgebaut werden musste. Roland Mack erinnert sich an viele Situationen in den ersten 20 Jahren, in denen er Prominente oder auch Medienvertreter in den Park vergeblich einlud. Oft lehnten sie mit dem Hinweis ab, das sei vielleicht etwas für Kinder, aber nichts für sie. Das entsprach einem allgemeinen Klima. Der deutsche Bildungsbürger geniere sich fast, beobachtet Roland Mack, wenn er sagen soll, dass er in seiner Freizeit einfach Spaß habe, und erinnert sich, dass das auch bei den Besuchern anfangs so war: »Die deutschen Gäste sind hier am Anfang in Anzug und Krawatte reingekommen und haben geguckt, ob ja keiner schaut, wenn sie sich freuen.« Und Jürgen Mack erinnert sich, dass damals die sogenannten gebildeten Schichten ins Museum oder ins Theater gingen, aber, zumindest offiziell, nicht in einen Freizeitpark. »Es wurde uns oft vorgehalten, dass unser Angebot eher etwas für die unteren Schichten sei.«

Dass sich inzwischen auch gerne Akademiker dazu bekennen, den Europa-Park und ähnliche andere Einrichtungen zu besuchen, dazu hat die Konkurrenz und auch ein bekanntes Fernsehgesicht beigetragen, das quer durch die Schichten beliebt ist. 1992 eröffnete Disneyland in Paris. Mickey Maus und Donald Duck – damit waren schon zwei Generationen von Kindern aufgewachsen, und wer es sich leisten konnte, verschmähte vielleicht den Ausflug in einen der heimischen Parks, aber ein Besuch in einem der Disney-Resorts während einer Reise in die USA war, quer durch die Gesellschaft, ein akzeptierter Höhepunkt. Mit dem Disneyland Paris als erstem Resort des Konzerns außerhalb der USA konnte man dieses Erlebnis jetzt auch in Europa haben. Dem Widerstand in Frankreich – die französische Schauspielerin Ariane Mnouchkine hat die Filiale des Disney-Konzerns ein »kulturelles Tschernobyl« genannt – setzte Disney eine Marketing-Offensive entgegen. In Deutschland gab der Konzern mit Thomas Gottschalk dem neuen Resort ein über fast alle Bildungsschichten hinweg akzeptiertes

Werbegesicht. Diese gelungene Werbe-Strategie sollte der gesamten Branche auf dem Kontinent einen Imagegewinn bescheren.

Etwa zur gleichen Zeit entdeckt auch das Fernsehen den Europa-Park als originellen Drehort. Ein Meilenstein in der Medienpräsenz ist Ende der 90er-Jahre der Kontakt zum SWR, der damals eine der populärsten täglichen Sendungen für die ARD produziert – die Wunschbox. Sie war damals eines der großen Erfolgsformate. Täglich, am Nachmittag, wurden dort Schlagerinterpreten wie Costa Cordalis, Camillo Felgen, Freddy Breck oder Ireen Sheer mit ihren Hits aus vergangenen Zeiten präsentiert. Ingo Dubinski war, dank hoher Quoten, eines der populärsten Fernsehgesichter. Die Wunschbox als tägliche Sendung brauchte Studio-Publikum, das war in Baden-Baden auf Dauer nur schwer zu bekommen. Zudem lieferte der Park vielseitige Schauplätze für Außendrehs. So entschied sich der SWR nach Gastspielen, das Erfolgsformat im nahen Europa-Park zu produzieren. Für Mack ein Durchbruch. Eine tägliche Sendung aus dem Park war auch dann beste Werbung, wenn das Logo nicht unentwegt im Bild zu sehen war. Gleich beim Haupteingang baute der Park eigens dafür eine Medienhalle, in der die Sendungen dann über Wochen en bloc aufgezeichnet wurden. Zwischen 2000 und 2002 entstanden im Park hunderte Folgen der Unterhaltungssendung. Die 500. Folge feierte das ganze Team im Park und Dubinski erinnert sich heute noch an das rauschende Fest.

Als die Wunschbox dann eingestellt wurde, war der Park bereits als Medienstandort und vielfältiger Drehort etabliert. Der SWR produziert hier im Sommer live die Schlagersendung Immer wieder sonntags. Längst haben auch andere

Sender, wie der ORF, das ZDF und die Privaten, den Park für sich entdeckt. Insgesamt kommen etwa 200 TV-Sendungen pro Jahr zusammen, die ganz oder teilweise im Park produziert werden.

Wichtig bei der Medienstrategie ist die Freundschaft zum erfahrenen Fernsehproduzenten Werner Kimmig, der für viele Unterhaltungsshows im deutschen Fernsehen verantwortlich zeichnet und Roland Mack in Medienfragen seit Langem freundschaftliche Ratschläge gibt.

Die Präsenz in Funk und Fernsehen beobachtet die Konkurrenz mit Argwohn. Auch im Holiday Park, im pfälzischen Hassloch, das ebenfalls zum Sendegebiet des SWR gehört, hätte man gerne eine solche Medienaufmerksamkeit gehabt. Öffentlich schießt Wolfgang Schneider, damals noch Chef des Holiday Parks, gegen die Konkurrenz in Rust, wirft dem Park Wettbewerbsverzerrung und dem SWR Schleichwerbung vor. Doch eine Prüfung der Rechtsaufsicht des SWR ergibt 2006, dass die Verträge zwischen SWR und dem Europa-Park nicht zu beanstanden sind.

Dabei ist der direkte Werbeeffekt für den Park nur ein Aspekt seiner Strategie. Roland Mack sagt, mindestens ebenso wichtig sei der Kontakt zu Prominenten, der durch die große Zahl an TV-Aufzeichnungen zustande gekommen ist. Zu Preisverleihungen und Galas, wie die von José Carreras, kommen viele Stars und Sternchen in den Park und daraus ergeben sich neue Ideen für Kooperationen oder Events.

Mussten sie zu Beginn engagiert werden, kommen die Stars heute gerne in den Park, viel Freundschaften haben sich im Laufe der Jahre entwickelt, etwa zu Paola Felix, Frank Elstner und auch Sabine Christiansen. Inzwischen berichtet die örtliche Presse gerne darüber, schließlich bringen die bekannten Mediengesichter ein wenig vom Glanz, der sich sonst in Berlin und München zeigt, in den Südwesten. Das ist gut für das Image des Parks, aber auch der ganzen Region.

Roland Mack liegt das Spiel mit den Medien und der Öffentlichkeit. Er lässt kaum einen Fototermin mit den Prominenten aus. Anders als seine Frau, die nie die Scheinwerfer gesucht hat und sich, außer bei Pflichtterminen, lieber im Hintergrund hält, schätzt Roland Mack die Anerkennung, die ihm heute auch in diesen Kreisen zuteil wird. Und es steigert natürlich den Wert der Marke, wenn selbst Prominente aus Politik, Wirtschaft und Showgeschäft im Park Erholung finden.

Als Roland Mack in einem Interview gefragt wird, welchen Besuch eines Prominenten er sich denn noch wünschen würde, fragt er keck zurück: »Waren denn nicht schon alle da?«

Krisen in Waldkirch

Es ist im Sommer 1988, als die Macks zum 200-jährigen Jubiläum des Mutterhauses nach Waldkirch laden. Ehrengast ist Ministerpräsident Lothar Späth, der mit dem Hubschrauber in Waldkirch einschwebt. Die Feier, mit Artisten aus dem Europa-Park in einem weißen Festzelt auf dem Firmengelände, geht bis in die frühen Morgenstunden. Der Ministerpräsident würdigt die beeindruckende Leistung der Familie, aus dem einstmals kleinen Handwerksbetrieb in Waldkirch eine Marke mit Weltgeltung gemacht zu haben. Das sei eine typische Entwicklung für viele Unternehmen in Baden-Württemberg, dem Land der Mittelständler. Und mit dem Europa-Park hätten sich die Macks ein zweites Standbein geschaffen, lobt Späth.

Die Bemerkung mit dem Standbein ist eine kleine Untertreibung. Zu dieser Zeit hat der Park das Mutterunternehmen längst überflügelt. Mit 50 Millionen Mark macht der Park schon damals fast doppelt so viel Umsatz wie das Werk in Waldkirch.

Franz Mack führt zu dieser Zeit noch die Geschäfte in Waldkirch, im Jahr nach dem Jubiläum scheidet er aus. Roland übernimmt die Geschäftsführung. Doch seine Aufmerksamkeit liegt bei dem Betrieb, für den er von Anfang an Verantwortung trägt, dem Europa-Park. Es ist die Zeit großer Expansionen. 1991 verzeichnet der Park erstmals zwei Millionen Besucher, ein neuer Rekord. Die Macks planen bereits das erste Hotel. Gleichzeitig geht der Umsatz mit mobilen Fahrgeschäften für die Schausteller immer stärker zurück. »Mack Waldkirch« produziert inzwischen mehrheitlich stationäre Fahrgeschäfte für Freizeitparks, vor allem auch für den eigenen. Die alte Idee, Rust als Schaufenster für das Geschäft in Waldkirch auszubauen, hat sich längst umgekehrt. Waldkirch ist zum Produktionsbetrieb des Parks geworden.

In diese Zeit fällt auch die Entscheidung, den Wagenbau in Waldkirch einzustellen, worüber es in der Familie unterschiedliche Auffassungen gibt. Franz Mack glaubt lange, die Verkaufszahlen mit den Palastwagen für Schausteller würden immer mehr zurückgehen, weil es dem Waldkircher Betrieb an Innovation mangele. Doch das ist nicht der Grund, wie man im Rückblick sehen kann. Heute gibt es diesen Zweig der Industrie nicht mehr. Die Schausteller, die noch unterwegs sind, nutzen die alten robusten Wagen, sie werden bis heute nach Waldkirch zur Reparatur gebracht. Neue werden heute kaum mehr gebaut.

Roland Mack muss bald erkennen, dass ihn die Doppelbelastung mit der Führung des Parks und des Waldkircher Unternehmens überfordert. Er beruft, neben Kurt Mack-Even und Gerhard Mack, zum ersten Mal einen externen Geschäftsführer. Es werden in den kommenden Jahren noch einige nachfolgen. Sie haben alle nur wenig Erfolg.

In den 90er Jahren wechselt die Geschäftsführung in Waldkirch in rascher Folge. Inzwischen ist Willi Macks Sohn Gerhard im Streit gegangen. Es geht dabei um strategische Fragen und darum, wie stark das Unternehmen in Waldkirch vom Park abhängig sein darf. Franz und Roland Mack übernehmen die Unternehmensanteile von Willi und Gerhard. Nun gehört die Firma in Waldkirch Franz Mack, seinen Kindern und der Familie der Cousine, Christel Mack-Even, deren Mann Kurt Mack-Even in der Geschäftsführung für den Vertrieb zuständig war.

Das Unternehmen rutscht, anfangs kaum merklich, immer tiefer in die Krise. Zu einem guten Teil liegt dies an den sinkenden Umsätzen im Schaustellergewerbe. Die Besucherzahlen auf den Jahrmärkten gehen schon Ende der 70er-Jahre stark zurück. Das Freizeitverhalten der Menschen verändert sich, sie verlangen nach immer neuen Sensationen. Vor allem aber genügen längst nicht mehr bunte Buden, um Menschen aus ihrem Alltag zu entführen. Die Sehgewohnheiten aus Kino und Fernsehen verlangen nach immer perfekteren Kulissen. Doch je aufwendiger die Fahrgeschäfte werden, desto größer ist das Risiko für Schausteller wie auch für Produzenten. Bei einer mobilen Wildwasser- oder Achterbahn geht es um Investitionen in zweistelliger Millionenhöhe.

Von den Banken erhalten die Schausteller immer seltener Kredite für den Kauf neuer Fahrgeschäfte. Das Geschäft ist für die Kreditinstitute zu schwer kalkulierbar, für manche wohl auch schlicht zu wenig lukrativ. Mit dem Rückgang der Messen und Jahrmärkte verschwinden ab Mitte der 80er-Jahre die alt eingesessenen Karussellbauer vom Markt. Roland Mack erinnert sich daran, wie damals zuerst die Firma Schwarzkopf pleite ging, ein Achterbahnhersteller. Dann leerten sich nach und nach die Anzeigenseiten im Branchenmagazin *Komet*. Bis Ende der 90er-Jahre dauert dieser Prozess, dem sich das Unternehmen in Waldkirch lange nur deshalb entziehen kann, weil er einen der wichtigsten Auftraggeber längst in der eigenen Familie hat.

Der Park wiederum profitiert von den veränderten Ansprüchen der Menschen an ihre Freizeitgestaltung und der wachsenden Begeisterung für Freizeitparks. Und davon profitiert wiederum das Unternehmen in Waldkirch. So geht das Geschäft mit den mobilen Fahrgeschäften für Schausteller in Waldkirch immer mehr zurück. Anfang der 90er-Jahre liegt die Quote der mobilen Fahrgeschäfte noch etwa bei der Hälfte des früheren Niveaus. Heute hat der Waldkircher Betrieb keinen einzigen Auftrag mehr von Schaustellern. Lediglich zur Reparatur und technischen Überholung bringen sie ihre längst abgeschriebenen Maschinen nach Waldkirch. An den Montagehallen der Elz blättert derweil der Putz. Auch Seniorchef Franz, der noch immer in dem Haus direkt am Gelände wohnt, betrachtet die Entwicklung mit Sorge. Der Park enteilt dem Unternehmen, aus dem er sich einmal gespeist hat. Die Heinrich Mack KG ist zwar abgesichert durch den Park, doch es ist auch eine trügerische Sicherheit. Denn alleine die Aufträge aus Rust reichen nicht für die Existenz des Herstellerunternehmens. Der Betrieb in Waldkirch droht den Anschluss an die Spitzentechnologie zu verpassen. Der Bau von Achterbahnen war schon immer ein Präzisionsgewerbe und jeder Hersteller hat dabei ein eigenes Know-how entwickelt, das er ungern preisgibt. Da müssen Stahlrohre, die als Schienen später parallel laufen, in der präzise gleichen Krümmung gebogen und exakt verdreht werden. Jedes Schienenstück muss auf Millimeter genau an das nächste passen, schon geringe Abweichungen führen zu Stößen und Rütteln, die, je schneller die Bahn fährt, vom Fahrgast als unangenehm empfunden werden.

Mit dem Niedergang vieler klassischer Achterbahnhersteller ist auch die Tatsache verbunden, dass es Konkurrenten gibt, die sich allein auf die Konstruktion spektakulärer Rollercoaster verlegt haben. Sie konstruieren am Computer, die Schienen werden dann irgendwo auf der Welt hergestellt. Das ist nicht immer ganz überzeugend in der Qualität, aber günstig und vor allem schnell.

In Waldkirch dauert die Konstruktion einer Achterbahn in dieser Zeit noch immer bis zu fünf Monate. Bei Wind und Wetter stehen die Konstrukteure auf 20 Meter hohen Gerüsten und klopfen und hämmern an den Schienen, bis sie präzise ineinanderpassen. Das macht sich in der Qualität bemerkbar, aber auch im Preis. Für Achterbahnen im großen Stil ist diese Art der Produktion nicht mehr zeitgemäß. Da sie bei anderen Fahrgeschäften nicht mehr an der Spitze liegen, spezialisiert sich das Waldkircher Unternehmen auf Wasserattraktionen. Mack baut im Jahr 2000 die *Poseidon* für den griechischen Themenbereich, eine Mischung aus Achterbahn und Wildwasserbahn, und hofft, damit seine Expertise für beide Disziplinen zu beweisen. Die *Poseidon* wird in alle Welt verkauft. Doch diese Spezialisierung auf Wasserattraktionen ist nicht durchzuhalten.

Dann plant der Park seine ersten spektakulären Rollercoaster. Die *Silverstar* soll auch im internationalen Vergleich mit Riesenachterbahnen aus den USA mithalten können und selbst die sehr speziellen Fans solcher Fahrgeschäfte beeindrucken. Eine Premiere im Familienpark. Bis in 73 Meter Höhe sollen die Schienen verlaufen, die Wagen werden auf der 1.620 Metern langen Strecke auf bis zu 127 Stundenkilometer beschleunigt. Diese Achterbahn bringt den Park in die erste Liga auch bei den Fans von Megacoastern.

Der Betrieb in Waldkirch steht bereit, diese Bahn zu bauen. Doch Roland Mack zögert. Er kennt die Achterbahnen in aller Welt, er ist die meisten von ihnen mehr als einmal gefahren und kennt als Ingenieur die technischen Details. Er traut dem eigenen Unternehmen ein solch komplexes Produkt nicht zu. Nach vielen Diskussionen mit der Geschäftsführung entscheidet Roland Mack, die Achterbahn doch lieber bei der Schweizer Konkurrenz Bolliger und Mabillard zu kaufen. Ihm ist bewusst, dass er damit für großen Frust in Waldkirch sorgt. »Aber das musste technische Weltspitze sein und wir waren in Waldkirch damals nicht so weit«, sagt er heute über diese Entscheidung.

Die Diskussion macht auch deutlich, wie der Park in seinen Ansprüchen dem Mutterunternehmen enteilt ist, wie stark sich die Betriebe in Waldkirch und Rust auseinandergelebt haben. Wechselnde Geschäftsführer versuchen sich nun an einer Innovationsstrategie, die das Unternehmen zwar technisch nach vorne bringt, doch an den Rand der Insolvenz treibt. Ein Großauftrag für gleich mehrere Anlagen aus Vietnam, in den das Unternehmen schon viel investiert hat, wird plötzlich storniert – ein dramatischer Verlust für den Betrieb. Es rächt sich die Strategie, das Unternehmen unabhängig vom Europa-Park erfolgreich zu machen, und es rächt sich wohl auch, dass die Familie jahrelang zu wenig in Waldkirch investiert hat. Es kommt zur Krisensitzung des Familienrats.

Die Bilanz, die im April 2005 gezogen werden muss, ist nicht gerade ermutigend: Mack Rides ist noch immer ein Handwerksbetrieb, wenn auch ein hoch spezialisierter. Doch es ist über die Jahre zu wenig in die Modernisierung investiert worden, die Produktionsweise kann nicht mehr mit der Konkurrenz Schritt halten. Das Unternehmen sitzt auf einem Berg von Schulden, dazu fehlt es an einer klaren Ausrichtung.

Wer damals die Zahlen gesehen habe, hätte das Unternehmen einfach geschlossen, davon ist Christian von Elverfeldt auch heute noch überzeugt. Der heutige Geschäftsführer von Mack Rides in Waldkirch war damals als Berater hinzugezogen worden. Er hat Roland Mack genau das empfohlen: ein schnelles Ende. Schließlich habe die Familie ja in Rust ein erfolgreiches Unternehmen, das ihre volle Aufmerksamkeit verlangt, argumentierte Elverfeldt damals. Der Park brauche das Unternehmen nicht, gute Achterbahnen gebe es auch bei anderen Herstellern.

Doch so nüchtern entscheidet der Familienrat nicht über das Ende des Stammhauses. Waldkirch ist der Nukleus der Macks. Acht Generationen über 200 Jahre Unternehmensgeschichte stecken in den Werkshallen. Die beendet man nicht so einfach nach einem Blick in die Bücher. Roland Mack sagt, wenn es irgendwie möglich ist, dann wolle er Waldkirch erhalten, auch Sohn Michael und Vater Franz sehen das so. Am Ende entscheidet die Familie gemeinsam, es mit Mack Rides Waldkirch als vollwertigem Karusselbauer noch einmal zu versuchen. Christian von Elverfeldt wird mit dem Auftrag als Geschäftsführer berufen, wenigstens keine Verluste mehr zu erwirtschaften.

Von Elverfeldt hat dieses Statement damals sehr beeindruckt. Er wird vom Sanierungsberater zum Geschäftsführer, entwirft zusammen mit Michael Mack, der gerade sein Studium beendet hat, ein Sanierungskonzept. Sie machen sich daran, unrentable Abteilungen zu schließen oder zu verkaufen. Es kommt auch zu Entlassungen. Christian von Elverfeldt als Finanzmann, der früher bei Beratungsfirmen gearbeitet hat, eher fachfremd, identifiziert in der Belegschaft die tüchtigen Mitarbeiter, die bisher oft unter der strengen Hierarchie im Unternehmen gelitten hatten. Er stellt einige von ihnen in die erste Reihe und schenkt den bestens qualifizierten Mitarbeitern vor allem eins: Vertrauen. Michael Mack gibt als Familienmitglied Elverfeldt den nötigen Rückhalt auch für unpopuläre Entscheidungen. Mack Rides soll sich künftig auf die drei Kernkompetenzen konzentrieren: Konstruktion und Bau von Fahrgeschäften sowie einen guten Service für die Kunden.

Während es nun in dem Betrieb an der Elz langsam wieder bergauf geht, sehen die Waldkircher, die es gewohnt waren, die neueste Attraktion von den Macks auf dem Werksgelände wachsen zu sehen, jetzt nur noch den leeren Hof. »Jetzt sind sie am Ende«, heißt es auf dem Marktplatz und an den Stammtischen. Dabei entstehen die Bahnen jetzt bis zur Fertigung direkt am Computer. Mack Rides entwickelt eine neue Methode, wie die Schienen direkt aus dem Computer so präzise gefertigt und angepasst werden können, dass nicht nur ungeheuer laufruhige Achterbahnen entstehen, sondern dass der Produktionsprozess enorm verkürzt werden kann. Der Probeaufbau, der früher obligatorisch war, fällt jetzt ganz weg.

In einer der Werkhallen finden sich nun Stahlplanken auf dem Boden. Mit Hilfe von gigantischen Schraubzwingen kann hier jedes Schienenteil in genau dem Winkel eingespannt werden, in dem es später auch in der Bahn montiert wird. Eine sogenannte Nullebene gibt die Möglichkeit die Teile zu biegen, anzupassen und auf dem Boden zusammenzubauen. Etwas abseits der Konstruktion befindet sich ein Lasertracker, der die genauen Koordinaten der eingespannten Schiene an den Computer weitergibt und mit den Plänen abgleicht. Der Rechner gibt eine genaue, dreidimensionale Schablone vor, in die die Schiene eingepasst werden muss.

Die Nullebene ist eine selbst entwickelte und patentierte Technik, auf die die Waldkircher sehr stolz sind. Sie macht die Schienenherstellung zu einem relativ überschaubaren Baukastensystem. Dank dieser Technologie ist Mack Rides heute weltweit bekannt für schnelle und präzise Fertigung von Achterbahnschienen mit einer ungeahnten Laufruhe.

Inzwischen steht in Waldkirch eine neue, silberne Werkshalle. Sie verfügt über ein automatisiertes, modernes Systemlager, das Produktionszeiten und Service weiter beschleunigt. Und auch vom Sinn einer eigenen Fräsmaschine hat sich Roland Mack, der noch immer die Produktionsdetails begleitet und diskutiert, nach einigem Zögern überzeugen lassen.

Die eigentliche Bewährungsprobe für die neue Produktion kommt 2009. Von Elverfeldt und Michael Mack haben das Unternehmen so weit gebracht, dass sich das Waldkircher Team selbst wieder zutraut, für den Park ein neues Großprojekt zu bauen. Es ist eine Sitzung kurz vor der Betriebsweihnachtsfeier in Waldkirch. Als Elverfeldt und der Familienrat darüber diskutieren, ob Mack Rides in der Lage ist, die neue spektakuläre Achterbahn *blue fire* für den Park zu konstruieren. Roland Mack lässt sich nach langen Diskussionen vor allem von seinem Sohn überzeugen: »Okay, dann macht es halt«, entscheidet er. Für Mack Rides bedeutet dies neuen Aufwind und für den Park einen weiteren Meilenstein, die erste Loopingachterbahn in der Geschichte. Für Franz Mack war die Konstruktion von Achterbahnen hoch oben in der Luft persönlich ein Graus, aber er glaubte auch, dass man mit solchen Sensationen nur einen kleinen Teil der Besucher anlockt und dass solche Fahrgeschäfte in einem Familienpark nichts zu suchen hätten. Eine Umfrage unter den Besuchern zeigte jedoch, dass eine Loopingachterbahn für ein Großteil der Achterbahn-Begeisterten eine große Attraktion und folglich der nächste Schritt wäre. Und durch die Nullebene war die Konstruktion problemlos geworden.

Für Mack Rides stellt die Produktion der *blue fire* den Durchbruch dar – sie sind in der Königsklasse des Achterbahnbaus angekommen. Mack Rides plant und konstruiert die Streckenführung und baut seinen ersten elektromagnetischen Linearantrieb, der eine Beschleunigung des Zuges von 0 auf 100 Stundenkilometer in 2,5 Sekunden ermöglicht. Gemeinsam mit der Fachhochschule Pforzheim baut das Unternehmen neuartige Fahrgestelle für die Bahn. Sie sollen den Fahrgästen ungeahnte Arm- und Beinfreiheit gewähren.

Die Fotos von der Eröffnung der *blue fire* zeigen dann auch Roland Mack, wie er in der ersten Reihe die Arme lachend über den Kopf wirft, nebenan, etwas reservierter, sitzen erst Ministerpräsident Günther Oettinger und dann die Ex-Profi-Boxerin Regina Halmich. In der Rede danach erwähnt Roland Mack dann noch einmal die unternehmerische Achterbahnfahrt, die es bedeutet hat, die *blue fire* dem Mutterhaus anzuvertrauen: »Der Bau war eine der größten unternehmerischen Herausforderungen«, sagte er. »Wäre es schiefgegangen, wäre der Schaden für beide Unternehmen riesig gewesen, denn wir hätten nicht einmal prozessieren können.« Schließlich saß der Lieferant im eigenen Haus.

Katapultachterbahnen in der gleichen Bauweise wie die *blue fire* konnte das Unternehmen seither nach China, in die USA und in andere Länder verkaufen, eine auch nach Sotschi, in den Freizeitpark, der dort anlässlich der Olympischen Spiele gebaut wurde. Dass die *blue fire* ausgerechnet vom umstrittenen russischen Staatskonzern Gazprom gesponsert wird, sorgt auch bei wohlmeinenden Beobachtern und manchem Mitarbeiter für Kopfschütteln. Für Roland Mack ist es dagegen eher eine strategische Frage, mit einem so mächtigen Unternehmen Geschäfte zu machen, um damit auch in Russland ein Stück bekannter zu werden. Ein wenig hat sich der Familienunternehmer wohl auch geschmeichelt gefühlt.

Dem Park ermöglicht das Geschäft den Bau eines neuen Konferenzzentrums direkt neben der Achterbahn, mit einer eigenen Gazprom-Lounge unterm Dach, die für die Manager des Staatskonzerns reserviert ist und einer Leistungsschau des Konzerns mit allerlei beeindruckender Technik, durch die jeder Besucher der *blue fire* geschleust wird. Für Gazprom ist die Kooperation mit dem Familienunternehmen eine Gelegenheit, in Westeuropa bekannter und beliebter zu werden. Der Europa-Park ist neben dem Sponsoring des Fußballvereins Schalke 04 und diverser Wintersportevents eine gute Gelegenheit, näher an die Endkunden zu gelangen.

Die *blue fire* hat Waldkirch auch aus der Verlustzone geführt. Von der Maßanfertigung früherer Tage hat sich die Produktion in Waldkirch eher in Richtung Maßkonfektion entwickelt. Es gelingt viel leichter, ähnlich geplante Fahrgeschäft mehrfach zu verkaufen, was früher nicht so einfach möglich war. Den *Eurosat* etwa hat noch Franz Mack in liebevoller Kleinarbeit als Modell aus tausenden Einzelteilen gebaut. Viele Kunden waren von der Bahn beeindruckt, aber sie konnten es sich nicht leisten, erst eine Kugel um die Achterbahn zu bauen. So blieb der *Eurosat* damals als Prototyp in Rust und ein Solitär auf dem Weltmarkt. Die *blue fire* kann man heute unter fast jedem denkbaren Motto und in jede denkbare Topografie bauen. Ein Geschäft mit Großanlagen, das sich jetzt eben auch skalieren lässt.

Inzwischen ist das Unternehmen in Waldkirch das einzige in der Branche, das konstruiert und produziert und dabei noch immer in Familienhand ist. Alle anderen Mitbewerber in Deutschland sind in Konzernen aufgegangen oder vom Markt verschwunden. Mack Rides dagegen schließt mit dem besten Betriebsergebnis in seiner Geschichte ab.

Einer, der bis heute das Schicksal der Heinrich Mack KG aus nächster Nähe verfolgt hat, ist der über 90-jährige Willi Mack. Roland Macks Onkel wohnt gleich hinter dem Werksgelände in direkter Nachbarschaft zur alten Villa seines Bruders Franz und blickt auf die neue Werkshalle. Willi Mack hat die Werkstätten in Waldkirch bis in die 80er Jahre geführt und darüber seine Gesundheit aufs Spiel gesetzt. Sein

Leben war immer der Betrieb in Waldkirch. Er sei stolz darauf, dass sein Neffe Roland Mack neben dem Park auch das Waldkircher Unternehmen gerettet und weit nach vorne gebracht habe, sagt Willi Mack.

Christian von Elverfeldt wusste, dass er einen guten Job macht und damit den Respekt der Familie genießt, als Franz Mack, der mit Lob immer verhalten umging, kurz vor seinem Tod zu ihm sagte: »Jetzt ist alles gut in Waldkirch«.

6.
Künstliche Welten

Kathedralen der Freizeit

»Die wachsende Freizeit der Menschen spricht für mich«, hat Franz Mack Anfang der 70er-Jahre gesagt, wenn ihm damals misstrauische Zeitgenossen die Frage gestellt haben, wie er denn an den Erfolg seines Ruster Projekts glauben könne. »Ich hab mich in der Welt umgesehen«, hat er dann immer gesagt, »die Freizeit hat Zukunft.«

Treffende Worte. Franz Mack kannte die USA von seinen Geschäftsreisen gut. Dort standen damals bereits einige Jahrzehnte lang Freizeitparks, die »Kathedralen des 21. Jahrhunderts«, wie sie der Tourismusforscher Horst W. Opaschowski in seinem gleichnamigen Buch nennt. In den USA war bereits absehbar, welche Auswirkung die Automatisierung und damit einhergehende Rationalisierung auf die Arbeitswelt und auf das Freizeitverhalten der Menschen haben würde.

Seit den 50er-Jahren ging in der Bundesrepublik die Arbeitszeit zurück. Von damals durchschnittlich 48 auf heute 38,4 Stunden, die Zahl der Urlaubstage stieg von neun auf 30 an. 1956 war in der Bundesrepublik bereits die Fünf-Tage-Woche eingeführt worden. Viel freie Zeit also, die die Menschen ausfüllen und aktiv gestalten mussten. Franz Mack hatte den Trend zu mehr Freizeit früh erkannt, er sah auch ein Geschäftsmodell darin. Der Europa-Park war ein neuartiges Angebot für eine neue Zeit.

Aber was ist das eigentlich, Freizeit? Und was erwarten die Menschen von jenen Lebensabschnitten, die nicht mit Arbeit und anderen Verpflichtungen gefüllt sind? Das hat sich nicht nur Franz Mack gefragt, der selbst nie viel mit ihr anfangen konnte, sondern auch die Wissenschaft. Freizeit, also das, was die Besucher eines Freizeitparks neben ihrem Geld investieren, ist ein schwer fassbares Gut. Ist sie einfach das, was übrig bleibt, wenn man die Arbeit wegnimmt? Ist es die Zeit mit der Familie, ist es Muße oder heute doch eher das Abenteuer, das Erlebnis? Aber was genau bezeichnen die letzten beiden Begriffe nun wieder?

Die Soziologen mögen darüber streiten. Die Macks haben sich nicht lange mit diesen theoretischen Fragen aufgehalten. Ihr persönliches Verhältnis zur Freizeit ist durchaus ambivalent. In der Familie Mack selbst galt freie Zeit eher als sinnloser Müßiggang, wenn sie nicht mit irgendeiner Form von Arbeit ausgefüllt war. Von den Mitarbeitern im Waldkircher Betrieb erwartete man, wenn ein Projekt fertiggestellt werden musste, schon immer ganz selbstverständlich Einsatz auch über den Feierabend hinaus. Mußestunden gab es bei den Macks zu Hause selbst am Sonntag kaum. Nach der Kirche gingen wieder alle an ihre Arbeit. Undenkbar wäre es gewesen, dass der junge Roland nach der Schule oder im Studium erst einmal auf Reisen geht, um sich in Ruhe zu orientieren. Stattdessen füllten von Anfang an Praktika im Ausland und die Arbeit im heimischen Betrieb die freigewordene Zeit und die Semesterferien aus.

Es scheint heute so, als wären die Macks in der Nachkriegszeit in diesen Dingen eine typische deutsche Familie gewesen. Freizeit stand in den Aufbaujahren und lange danach dem Bild vom fleißigen Deutschen entgegen und hatte in bürgerlichen Kreisen bis in die 70er-, 80er-Jahre keinen guten Ruf. »Gammler« waren jene, die keiner geregelten Brotarbeit nachgingen, ein rechtschaffener Bürger arbeitete von morgens bis in den frühen Abend. Noch Anfang der 90er, als die Gewerkschaften für Arbeitszeitverkürzungen stritten, sagte der damalige Bundeskanzler Helmut Kohl: »Wir können die Zukunft nicht dadurch sichern, dass wir unser Land als einen kollektiven Freizeitpark organisieren.« Vielleicht hatte Kohl damit recht, aber er ließ damals nicht nur außer Acht, was viele Forscher prophezeiten, dass nämlich entwickelten Gesellschaften die Arbeit für alle ausgehen könnte. Vor allem verkannte er mit dieser schnodderigen Bemerkung, welche Bedeutung die Freizeitindustrie schon damals auch in Deutschland hatte. Heute macht die gesamte Branche einen Umsatz von 130 Milliarden Euro, jeder Haushalt plant monatlich 255 Euro für Freizeit, Unterhaltung und Kultur ein. Dazu gehören natürlich Konzerte und Museumsbesuche genauso wie die Kinokarte oder der Kauf eines neuen Computerspiels.

Zu Tode amüsiert?

Am Eingang von Disney World steht der Satz: »Du verlässt das Heute und betrittst die Welt des Gestern, Morgen und der Fantasie.«

Ein Freizeitpark ist mehr als ein Jahrmarkt, der vor allem von der Sensation, dem Nervenkitzel und der bunten, etwas chaotischen Vielfalt lebt. Es geht vor allem darum, eine künstliche Welt aufzubauen, sodass der Park selbst dann zur Attraktion wird, wenn der Besucher kein einziges Fahrgeschäft besteigt. Im Unterschied zum Jahrmarkt geht es darum, eine Welt zu schaffen, die sich in Optik und Atmosphäre möglichst stark von der Realität unterscheidet und den Menschen das Gefühl gibt, in eine perfekte Welt eintauchen zu können. Wenn der Europa-Park heute ein neues

Fahrgeschäft baut, gehen etwa 50 Prozent der Kosten in die Architektur, damit neben dem reinen Fahrerlebnis ein perfektes Ambiente entsteht.

Menschen begeben sich in künstliche Welten, tauchen in Traumräume ein, obwohl sie wissen, dass es das Schloss von Dornröschen nicht gibt und ein skandinavisches Fischerdorf nicht gleich neben Portugal liegen kann. Sie spielen mit, um sich das Erlebnis nicht selbst zu verderben. Seine Künstlichkeit wurde dem Freizeitpark trotzdem oft vorgeworfen. Lehrer rümpften die Nase, wenn Kinder den Schulausflug im Europa-Park verbringen wollten und nicht im Museum. Da ist dann oft vom fehlenden pädagogischen Angebot die Rede, von Realitätsflucht, purer Zerstreuung aus der Retorte.

Dabei sind wir heute fast überall von künstlichen Welten umgeben: Auch oder sogar gerade in Zeiten, in denen das Wort »authentisch« zum Schlüsselbegriff des Marketings geworden ist, ist der Strand der Spree die längste Zeit grün gewesen. Im Sommer krempeln dort nach Feierabend Ministerialbeamte und Abgeordnete die Anzugshosen hoch und nehmen, neben Touristen und Presseleuten, einen Sundowner am Bundespressestrand, als wäre Berlin Khao Lac und der aufgeschüttete Strand nicht aus der Kiesgrube. In der Karibik gibt es Coco Island, eine eigentlich unbewohnte Insel, die für Kreuzfahrtreisende für ein paar Stunden alle Inszenierungen einer Südsee-Idylle bereithält. So etwas wie ein Beach-Themenpark mit echtem Meer. Alles andere ist nur für die Gäste eingerichtet. In schneearmen Gegenden wie Bottrop oder gar Dubai ermöglicht eine Skihalle und jede Menge Energie, dass auch bei hochsommerlichen Außentemperaturen Skiverrückte im Schnee toben können.

Und selbst die weiße Pracht im Mittelgebirge kommt heute aus Schneekanonen, wenn Frau Holle ausfällt.

Hier werden Ereignisse geschaffen, die die Sehnsüchte der Menschen, das Beste aus allen Welten zu vereinen, befriedigen. Letztlich wird ihrem Bild vom Paradies ein wenig Wirklichkeit verliehen. »Diese märchenhafte Synthese aus Wunder und Wirklichkeit, dem Spiel des Kindes sehr verwandt«, schreibt der Soziologe Opaschowski, »findet sich in den Konzepten der heutigen Freizeitparks wieder.« Ein gelungener Besuch in einem Freizeitpark, konstatiert der Wissenschaftler dann auch ziemlich gnadenlos, sei nichts anderes als »eine gelungene Selbsttäuschung, ein handfester Traum, eine reale Fiktion, eine konkrete Utopie«. An dieser Art der Selbsttäuschung haben sich die Menschen zu allen Zeiten versucht. Dabei waren künstliche Welten lange fast ausschließlich das Privileg der Fürsten und anderer gehobener Schichten. Hoftheater, tropische Gärten und die ersten Tierparks wurden, unter für die damalige Zeit ungeheurem Aufwand, für den Zeitvertreib des Adels geschaffen. Die Schlösser und Gärten in Versailles und Schönbrunn zeugen noch heute davon. So gesehen sind kommerzielle Freizeitparks, wie auch schon die Zoos, eine Demokratisierung dieser Form der Unterhaltung.

Man könnte meinen, die Idee künstlicher Welten kommt im Zeitalter des Authentischen aus der Mode und Menschen suchen heute das unverstellt Wahre. Handwerkskunst wird wieder geschätzt, das biologische Gemüse, die angeblich typische unverfälschte Küche einer Region, die uralte Alblinse wird aus einem Gen-Stamm wieder neu gezüchtet. Doch das Gegenteil ist der Fall. Freizeitparks erfreuen sich, trotz dieses Trends, ungebrochener Beliebtheit.

Der Freizeitforscher Opaschowski meint weiter, dass die Unterscheidung zwischen künstlich auf der einen Seite und authentisch auf der anderen letztlich ins Leere läuft und nichts über Qualität aussagt. Das Authentische ist heute oft zur Inszenierung geworden. Schwarzwaldmilch verkaufte sich so gut, dass die Nachfrage nicht befriedigt werden konnte und Milch aus anderen Regionen zugekauft werden musste. Als dies herauskam, kam es zu einem kleinen Lebensmittelskandal, obwohl die Qualität nicht unterscheidbar war. Und mancher Pizzabäcker tut gut daran zu verheimlichen, dass er auf der falschen Seite der Adria geboren wurde, weil den Gästen sonst die Pizza nur noch halb so gut schmecken würde. Auch bei Hochkultur, die ja gerne gegen die Kommerzkultur in Stellung gebracht wird, hilft der Begriff des Ursprünglichen oder Authentischen nicht weiter. Barocke Theater oder auch antike Tempelanlagen sind selbstverständlich künstliche, von Menschen geschaffene Welten. Sie erhalten ihren Reiz des Authentischen höchstens durch Tradition, also dadurch, dass sie seit Jahrhunderten existieren und uns von einer längst vergangenen Lebenswelt berichten. Aus Sicht des Freizeitforschers Opaschowski geht es daher bei der Kritik an künstlichen Freizeitwelten eher um den Gegensatz von Massenkultur und Hochkultur und um die Tendenz, durch kulturelle Events das populär zu machen, was einmal einer bildungsbürgerlichen Elite vorbehalten war.

Doch der Dünkel gegen diese Phänomene ist merklich geringer geworden. Ganze Generationen sind in den letzten 60 Jahren mit der Populärkultur aufgewachsen, ziehen ihre ganz eigenen Schlüsse daraus. Sie verbringen immer mehr Zeit in aufwendig gestalteten Shoppingwelten und Freizeitparks, während andere das unmittelbare Naturerlebnis suchen, Gemeinschaftsgärten pflegen und nur noch mit biologisch einwandfreien Lebensmitteln kochen. Und immer häufiger, das zeigen auch die Umfragen des Europa-Park, sind es die selben Menschen, denen einmal der Sinn nach dem einen und dann nach dem anderen steht. Die Milieugrenzen verschwimmen.

Vielleicht ist ein Freizeitpark mit seiner Inszenierung an dieser Stelle sogar ehrlicher als manches, was vermeintlich authentisch daher kommt. Im Freizeitpark wird die Grenze zur Inszenierung von einem Zaun markiert. Jeder weiß, hinter dem Kassenhäuschen beginnt die Kunstwelt oder es wird, wie in Disney World, sogar mit einem Schild darauf hingewiesen.

Umgekehrt versuchen die Betreiber der künstlichen Welten, dem Authentischen an verschiedenen Stellen näherzukommen und ihr Angebot damit aufzuwerten. Wie etwa im Europa-Park, wo längst nicht mehr nur Baustile nachgeahmt werden, sondern historische Gebäude, wie *Schloss Balthasar* und später das *Schwarzwälder Vogtshaus*, in die künstliche Welt integriert werden und neben nachempfundenen Fresken inzwischen auch Kunstausstellungen stattfinden.

Und was ist mit dem Vorwurf der Zerstreuung? Amüsieren wir uns tatsächlich zu Tode, wie der amerikanische Kulturkritiker Neil Postman in seinem berühmten Buch behauptet hat? Oder setzen sich die Menschen den künstlichen Welten nicht ganz bewusst aus, als Kontrast zu ihrem sonstigen Leben? Wer vielleicht berechtigte Kritik daran übt, dass die schiere Unterhaltung in immer mehr Lebensbereiche vordringt und zum alleinigen Kriterium dafür wird, womit wir uns beschäftigen, kann das Phänomen Freizeitpark getrost von diesem Vorwurf ausnehmen. Zum Einen endet sein

Einfluss am Zaun des Geländes, zum Anderen müssen die Menschen ihn ganz bewusst aufsuchen und bereit sein, zur Zerstreuung. Die Besucher müssen sich auf das Spiel mit den Illusionen einlassen.

Will man etwas Kritisches anmerken, dann vielleicht, dass die Verlängerung der Kindheit, die der Freizeitpark für Erwachsene bedeutet, für Kinder genau das Gegenteil sein kann. Immer größere Erwartungen an die Freizeitgestaltung, immer höhere Reizschwellen lassen auch bei den tollsten Angeboten schnell Langeweile aufkommen. Es ist ausgerechnet der Geschäftsführer von Mack Rides, Christian von Elverfeldt, der selbstkritisch anmerkt, eigentlich sei es auch ein bisschen schade, dass die Menschen, vor allem die Kinder, kaum mehr eigene Phantasie aufbringen müssen, um sich in Traumwelten zu versetzen, weil ihnen alles in Filmen und Computerspielen fertig serviert wird. Es mag trösten, dass solch kulturkritischen Bemerkungen schon seit Generationen gemacht wurden und werden, wahlweise beim Aufkommen des Fernsehens oder des Kinos.

Das sichere Abenteuer

Ein Kind wird in die Luft geschleudert, scheint für einen Moment schwerelos am höchsten Punkt stehenzubleiben, bevor es seine Flugbahn in umgekehrter Richtung fortsetzt und schließlich in den Armen des Vaters oder der Mutter sicher landet. Ein begeistertes Kinderlachen, ein jubelndes »Nochmalnochmal« und das Kind startet erneut zu seiner Flugparabel hoch über dem Kopf seiner Eltern. Die Freude des Kindes kennt keine Grenzen, auch wenn der Zuschauer besorgt dabeistehen mag. Das Kind genießt das wohlige Kribbeln in der Magengrube, den atemlosen Moment, wenn es den höchsten Punkt erreicht hat, den rasanten Fall dem Boden entgegen und anschließend den festen Griff des Vaters, der es sicher wieder auffängt. Es ist ein Spiel, aber nur solange das Kind darauf vertrauen kann, aufgefangen zu werden.

Nervenkitzel, Ekstase und Vertrauen. In diesem Dreiklang liegt wahrscheinlich das ganze Geheimnis von der Kinderschaukel bis zum technisch ausgefeilten Megacoaster mit Looping und rasanten Richtungswechseln. Er ist der Grund, warum Fahrgeschäfte auf Jahrmärkten die Menschen vergangener Jahrhunderte genauso angezogen haben, wie es die teuren Achterbahnen oder gigantischen Berg- und Talbahnen in heutiger Zeit immer noch tun. Der Wunsch nach einem Moment der Schwerelosigkeit auf einem Kettenkarussell, der Reiz der simulierten Gefahr, des sicheren Abenteuers, des »Als-ob« einer vermeintlichen Grenzerfahrung, die es in einer so sicheren und abgesicherten Gesellschaft wie unserer heute kaum mehr gibt. Die Beschleunigung der Achterbahn kitzelt unsere Urinstinkte, obwohl die Gefahr simuliert ist, obwohl wir gleichzeitig wissen, dass uns genauso wenig passieren wird wie den Millionen anderen, die zuvor in diesen Zug gestiegen sind. Denn nur mit diesem Wissen im Hinterkopf können Menschen den wohligen Schauer genießen.

Keine Frage, Sicherheit ist das wichtigste Thema der Branche. Vertrauen ist die Arbeitsgrundlage für dieses Geschäft. Jeder Unfall in einem Freizeitpark, wie kürzlich in Texas, als eine Frau im Looping aus einer Achterbahn in den Tod stürzte, verbreitet sich heute innerhalb eines Wimpernschlags in Wort und Bild rund um die Welt. Das simulierte Abenteuer wird dann zur realen Gefahr und die Menschen drohen das Vertrauen in eine gesamte Branche zu verlieren. Dabei sind die Fahrgeschäfte im Vergleich zu allen anderen Verkehrsmitteln sehr sichere Fortbewegungsmittel. Die Wahrscheinlichkeit, in Autos, Flugzeugen oder selbst der Eisenbahn zu verunglücken, ist nach Angaben der Freizeitparkbranche weitaus größer als in einer Achterbahn.

Weltweit wächst in den vergangenen Jahren die Zahl der Freizeitparks. Allein in Europa wurden 2012 etwa 400 Millionen Euro in Attraktionen investiert. Aber der eigentliche Wachstumsmarkt liegt auf anderen Kontinenten. In China, Russland und dem Nahen Osten schießen Themenparks aus der Erde, in denen Sicherheitskontrollen nicht unbedingt das Niveau des deutschen TÜV erreichen. Zwar beziehen sie die meisten Anlagen von erfahrenen Herstellern aus den USA oder Europa, aber die sichere Konstruktion eines Fahrgeschäfts ist das eine, der sichere Betrieb durch regelmäßige akribische Kontrollen das andere. Deshalb hat Roland Mack, als er Ende 2011 der erste deutsche Präsident des Weltverbands der Freizeitindustrie IAPPA wurde, internationale Sicherheitsstandards auch zu seinem Thema gemacht. Während seiner Amtszeit hat er in aller Welt für die deutschen Standards geworben, die hier TÜV und Dekra garantieren. Der Weltverband versucht, auch nach Macks Amtszeit, dieses Ziel weiterzuverfolgen. Eine Aufgabe, die noch nicht beendet ist.

Doch der Trend geht in den nächsten Jahren, zumindest in Deutschland, ohnehin weg von den Adrenalin-Bahnen. In einer Gesellschaft, die schneller altert, müssen sich auch die Freizeitparks stärker darauf einstellen, dass ihre Angebote die Großelterngeneration anspricht. Dafür braucht es weniger Rasanz, eher durchweg barrierefrei gebaute Parkanlagen und ein Angebot, das die Generationen verbindet. Zukunft hat also weiterhin das Konzept Familienpark, welches ein breites Spektrum an Unterhaltung bietet, das alle Generationen anspricht.

Wenige Davids, viele Goliaths

Freizeitparks sind in Europa ein stabiles, wenn auch seit der Eurokrise eher stagnierendes Geschäft, der Europa-Park mit seinen stetig wachsenden Besucherzahlen bildet da eine der wenigen Ausnahmen. Aber weltweit gesehen handelt es sich um eine boomende Branche mit zum Teil zweistelligen Wachstumsraten. Die 25 größten Freizeitparks der Welt, zu denen seit einigen Jahren auch der Europa-Park gehört, haben im Jahr 2012 über 205 Millionen Besucher begrüßt. Ein lohnendes Geschäft also, für das sich längst auch die Wall Street interessiert. An vielen der großen Unterhaltungskonzerne sind heute Finanzinvestoren beteiligt.

In den USA sind die meisten Parks schon vor Jahrzehnten an Konzerne verkauft worden. Es gibt nur noch wenige Freizeitanlagen, die von den Gründern geführt werden. In Südamerika und Asien bauen Unterhaltungskonzerne ohnehin gleich selbst. Die Investitionen, die heute notwendig sind, um einen attraktiven Park zu gründen, kann kein Familienunternehmen mehr aufbringen.

Den globalen Markt teilen sich also Unterhaltungskonzerne wie Disney mit 14 Parks weltweit, Six Flags mit zehn Parks in Kanada, USA und Mexiko oder die Merlin-Gruppe mit Legoländern auf fast allen Kontinenten. Auch Medienkonzerne wie Universal oder Warner Brothers, die mit vier Parks und Resorts in den USA und Asien vertreten sind, gehören zu den großen Spielern.

Aber auch in Deutschland geht der Trend hin zur Konzentration, viele der Gründer aus der Generation von Roland Mack haben sich aus dem Geschäft zurückgezogen. Der Heide-Park in Soltau, gegründet und aufgebaut von Hans-Jürgen Tiemann, dem Sohn von Otto Tiemann, der einmal der Partner des Europa-Park war, wurde 2002 an die Tussauds-Gruppe verkauft, die mittlerweile zum Konzern Merlin gehört. Und auch die Familie Schneider verkaufte 2010 ihren Holiday-Park an das niederländische Unterhaltungsunternehmen Studio 100, das Kinderfernsehserien produziert und inzwischen fünf Freizeitparks betreibt. Unter den weltweit agierenden Milliardenkonzernen ist das Familienunternehmen aus Rust ein David unter lauter Goliaths. Jeder in der Branche kennt seit Jahrzehnten die Firma Mack als hochwertigen Hersteller von Karussells und Fahrgeschäften. Einige Kenner der europäischen Freizeitparkszene wussten vielleicht auch, dass die Familie Mack, ganz in der Nähe ihres Stammhauses, einen Freizeitpark betreibt, der einen guten Ruf genießt. Doch Chip Cleary, lange Vorsitzender des IAAPA, berichtet, so richtig ins Bewusstsein der Branche sei der Europa-Park erst gerückt, als die Jahresversammlung des Verbandes 2004 in Rust stattfand. Alle, auch die Vertreter der großen Konzerne, waren damals beeindruckt von der Qualität, die die Hotels wie der Park zu bieten hatten, besonders von der Liebe zum Detail, wie sie in Rust gepflegt wird. Roland Mack stand den Branchen-Riesen schon vorher mit großem Selbstbewusstsein gegenüber. Er ließ sich in der Presse mit Ratschlägen für das lahmende Disneyland Paris zitieren. Auch wenn dort dreimal so viele Besucher ein- und ausgehen, zeigte er dem Management damals auf, welche typischen Konzernfehler dort gemacht wurden. Und er warf ihnen in Zeitungsinterviews vor, dass sie allzu offensichtlich mehr an den Umsatz als an ihre Besucher dachten. Denn anders als der Europa-Park ist das Disney Resort in der französischen Hauptstadt nie profitabel gewesen. Bis heute kommt das Management nicht aus den roten Zahlen heraus.

Spätestens seit dem Branchentreffen damals in Rust ist Roland Mack auf dem internationalen Parkett auch als Parkbetreiber ein geachteter Mann. Was sich 2012 unter anderem darin zeigte, dass er ein Jahr zum Präsidenten der IAAPA gewählt wurde. Roland Mack sagte damals scherzhaft: »Jetzt müssen Disney und Co. ein Jahr tun, was ich sage.« Eine schöne Vorstellung.

Der Familie Mack war die Unabhängigkeit immer wichtig und Chip Cleary, der wahrscheinlich alle relevanten Resorts und Parks weltweit kennt, sagt, das sei auch ein Alleinstellungsmerkmal von Rust. Amanda Thompson bestätigt dies: »Das Wichtigste bei Familienunternehmen ist: Du kannst selbst entscheiden, wo du dein Geld anlegst. Du muss nicht einem Vorstand Bericht erstatten. Ich denke, der Europa-Park als Familienunternehmen hat ein Herz und eine Seele, die andere Parks nicht haben. Das macht den Park so speziell.«

Roland Mack hat sich auch in Börsenboom-Zeiten immer gewehrt, sein Kapital an der Börse einzusammeln. Das hatte zwei simple Gründe: Zum einen kann er seit Jahren alle Investitionen in den Park aus den Einnahmen und mit Hausbanken finanzieren. Zum anderen soll der Europa-Park und alles, was künftig noch dazugehören mag, in der Hand der Familie bleiben. Das sieht er als Qualitätsgarantie für die Besucher und Erfolgsmodell für das Unternehmen, außerdem haben die Macks über 230-jährige Familientradition. Da denkt man in Generationen.

Eine klare Erwartung, die Roland Mack auch an seine Kinder weitergegeben hat. Keiner in der achten Generation möchte derjenige sein, der als Letzter das Licht in Rust löscht und den Schlüssel an einen Konzern übergibt. Darüber, dass sie es auch in Zukunft mit Mitgliedern der Familie Mack direkt zu tun haben und sich nicht mit Entscheidungen, die irgendwo in Amerika von einem Finanzinvestor getroffen werden, rumschlagen müssen, ist wohl auch die Gemeinde Rust froh.

Diese Werte kehrt das Unternehmen seit einigen Jahren auch im Marketing ganz offensiv hervor. Roland Mack ist in einem Werbespot der Volks- und Raiffeisenbanken zu sehen, in dem er Verlässlichkeit und Partnerschaft preist. Die ganze Familie zeigt sich oft und gerne auf Pressefotos, besonders mit prominenten Parkbesuchern. Die Botschaft ist klar: Seht her, dieser Park hat ein Gesicht.

Dieses sympathische Image des eignergeführten Unternehmens, des quasi »handgemachten Freizeitparks«, gilt es auch bei weiteren Expansionen zu erhalten. Der Park bewahrt dadurch eine gewisse Authentizität (so problematisch dieser Begriff auch ist), die ihn von anderen Einrichtungen dieser Art unterscheidet. Die Kommerzialisierung im Park hält sich, zumindest im Branchenvergleich, in Grenzen. Familien dürfen auch heute noch ihr mitgebrachtes Vesper verzehren. Anders als in amerikanischen Freizeitparks stehen nicht überall Verbotsschilder herum, die den Besuchern das Gefühl vermitteln, jede seiner Bewegungen und Handlungen soll in Umsatz verwandelt werden, obwohl genau das natürlich das Ziel eines privat finanzierten Freizeitparks ist.

Dennoch nutzt auch der Ruster Park natürlich alle Möglichkeiten, die das moderne Marketing bietet, um den Menschen auch hinter dem Kassenhäuschen möglichst oft Gelegenheit zu bieten, die Geldbörse zu öffnen. Keine Fahrt ohne die Versuchung, ein teures Foto zu erwerben, und mancher Ausgang eines Fahrgeschäfts führt am Ende durch einen Andenkenladen. Wenn Thomas und Michael Mack davon sprechen, dass sie durch Aktivitäten im Internet und vor allem mit Filmen versuchen, eine Marke aufzubauen, die ähnlich wie Disney die Menschen auch noch nach ihrem Besuch in Rust an die Marke Europa-Park bindet, zeigt, dass sie ihre Lektionen in Marketing und Betriebswirtschaft gelernt haben. Es zeigt aber auch, wie sehr das Familienunternehmen sich inzwischen die Kategorien der Unterhaltungskonzerne zur Gewinnmaximierung zu eigen gemacht hat.

Roland Mack beteuert immer, das Ziel seines Unternehmens sei längst nicht die Steigerung der Gewinne, sondern die Steigerung der Qualität. Das ist gelungen. Ein Konzern würde wahrscheinlich sofort die Eintrittspreise in Rust erhöhen und personalintensive Bereiche wie Show und Gastronomie ausdünnen. Gerade weil der Park sich auch in solchen Bereichen Großzügigkeit erlaubt, muss er heute keine internationalen Vergleiche mehr scheuen. Aber je größer dieses im Vergleich zu den Weltmarktführern immer noch kleine Unterhaltungsimperium wird, desto mehr spüren die Menschen, dass da womöglich jemand ein Monopol aufbauen könnte. Schiere Größe und damit unterschwellig Macht wirken heute schnell unsympathisch, vor allem auch bei den Menschen direkt vor Ort.

Schon heute klagen manche Bürger in Rust, dass das Überangebot an Entertainment und Gastronomie, das der Park bietet, das Eigenengagement der Gemeinde erschwert. Denn mit der Qualität dieses Angebots können sie sich nicht messen. Diesem Gefühl der Monopolisierung der Freizeit müssen die Macks auch in Zukunft entgegenarbeiten, wenn sie weiterhin glaubhaft das sympathische Familienunternehmen bleiben wollen, das sich von der Renditelogik der Unterhaltungskonzerne unterscheidet. Dieser Unterschied gehört zur Marke des Parks wie die Mickey Maus zum Magic Kingdom.

Die Macks wissen das. Deshalb wird etwa das Thema Nachhaltigkeit in den nächsten Jahren sicher weiter an Bedeutung gewinnen. Jetzt schon ist der Europa-Park vom TÜV Süd als erster grüner Freizeitpark zertifiziert. Das Thema Ressourcen zu schonen darf gerade für einen Freizeitpark kein Modethema sein, darüber ist sich Roland Mack im Klaren. In der Gesellschaft hat ein Umdenken eingesetzt, längst wird darauf geachtet, was man isst und woher es kommt, Bioprodukte stehen hoch im Kurs und die Nachfrage nach Strom aus erneuerbaren Energien ist so hoch wie nie zuvor. Das kann auch ein Freizeitpark, der tendenziell das Unerhörte, das Verschwenderische bietet, nicht ignorieren. Umwelt- und Ressourcenschutz bedeutet, weiterhin in moderne Technologien zur Wärme- und Stromeinsparung zu investieren, Energie zu sparen und alle Möglichkeiten zur eigenen Stromerzeugung aus regenerativen Quellen, wie Solar oder Wasser, auszuschöpfen und das wiederum den Besuchern transparent zu machen. Auch ein vernünftiger Anschluss an das Bahnnetz steht weiter auf dem Wunschzettel des Parks. Denn über die Hälfte der Besucher würden gerne mit der Bahn kommen. Wie lange solche Entscheidungen jedoch auf sich warten lassen, weiß man in Rust noch aus der jahrzehntelangen Debatte um die Autobahnausfahrt.

Schrumpfung oder Verzicht kann sich ein Unternehmen, das sich hohem Komfort und Großzügigkeit verschrieben hat, wohl auch künftig nicht leisten, wenn es attraktiv bleiben will. Undenkbar, dass der Zuckerwattestand irgendwann durch einen für Dinkelplätzchen ersetzt wird, auch auf Stromsparlampen hatte man mit Rücksicht auf die Atmosphäre bisher verzichtet. Ressourcen-Effizienz ist für einen Freizeitpark zu einem Faktor geworden. Sehr gut passt dazu die Zusammenarbeit mit dem angesehenen Armaturenhersteller Hansgrohe aus dem Schwarzwald. Der Mittelständler sponsert nicht nur den Wasserspielplatz für Kinder im skandinavischen Viertel, sondern hat auch die Hotels mit wassersparenden Badarmaturen ausgestattet.

Es gibt dieses Wort des in der Branche fast schon legendären Disney-Managers Michael Eisner über die Zukunftsperspektiven eines Freizeitparks: »Grow or die«, »Wachse oder sterbe«. Mit dieser Strategie hat Eisner den Disney Konzern aus der Krise geführt, und sie gilt auch für das Ruster Unternehmen. Um wachsen zu können und dabei den Bestand eines Parks so zu erhalten, wie ihn die Besucher kennen, sind bereits hohe Investitionen notwendig. Um ihn auch in Zukunft erhalten zu können, müssen immer neue Attraktionen her.

Eine Anlage mit diesen Ausmaßen ist inzwischen Big Business und so kommt es dann auch zu Kooperationen, die nicht so gut zum Image passen. Wachse oder sterbe. Längst planen die Macks nun den nächsten großen Schritt in der Entwicklung ihres Parks. Die Pläne dafür hängen in einem kleinen Büro im Verwaltungstrakt.

Ruster Perspektiven

Im Januar 2014 erhielt Roland Mack vom scheidenden Bürgermeister Günter Gorecky die Ehrenbürgerwürde der Gemeinde Rust verliehen. Eine Auszeichnung, auf die Roland Mack sehr stolz ist und die auch eine versöhnliche Geste darstellt. Denn das Verhältnis zur Gemeinde ist bei allem Bemühen in all den Jahren nicht immer unbelastet gewesen. Manche Bauvorhaben wurden, aus Sicht des Unternehmers, unverhältnismäßig lange geprüft und verzögert. Der Gemeinderat fühlt sich wohl des Öfteren von der Dynamik, mit der das Mack'sche Imperium wächst, überfahren. Roland wiederum findet, die Gemeindeverwaltung wie auch die Räte könnten gelegentlich etwas mehr Begeisterung für die Pläne und Projekte aufbringen.

Wie lebt es sich in einer Gemeinde mit einem Unternehmen am Ort, das praktisch so viele Menschen beschäftigt, wie der ganze Ort Einwohner hat? Manche Ruster sagen scherzhaft, es habe sich eigentlich wenig geändert. Früher habe der Baron auf Schloss Balthasar gewohnt und die Geschicke des Ortes bestimmt, jetzt sei das eben die Familie Mack.

Man könnte auch sagen, der kleine Ort Rust teilt heute ein wenig das Schicksal von Städten wie Wolfsburg oder Leverkusen. Ein Ort eben, der so wie er heute besteht, nur dank des Unternehmens existiert, das sich dort angesiedelt hat.

Da entsteht eine gewisse Schieflage der Machtverhältnisse oder im Idealfall eine Symbiose, weil beide wissen, sie können nicht ohne einander. Der wesentliche Vorteil des kleinen Orts in der Ortenau ist, dass es sich bei dem dominierenden Unternehmen nicht um Automobil- oder Chemieindustrie handelt, mit allen Begleiterscheinungen socher Anlagen, sondern um einen Freizeitpark, der, seit die Verkehrsströme gebändigt sind, nur noch wenige Emissionen verursacht und sich im Ganzen recht gut in die Umgebung einfügt.

Rust ohne den Park, sagt der ehemalige Bürgermeister Günter Gorecky, das sei undenkbar. Denn Rust ist mit und an dem Park gewachsen. Was wussten sie schon über Tourismus, damals, als der Schlosspark noch ein Bürgerpark war und die Ruster vor allem vom Fischen und der Landwirtschaft lebten. Heute haben 600 Ruster Bürger direkt im Park Arbeit. Viele Zulieferer vor Ort und aus der Region haben mit ihm ihren größten Kunden. Die anderen haben ein paar Betten im Dachgeschoss zu vermieten oder veranstalten Kanutouren auf dem Taubergießen, einem der wenigen erhaltenen Auengebiete des Altrheins. Durch die steigende Zahl an Übernachtungen erfreut sich dieses Biotop ebenfalls immer größerer Beliebtheit. Der örtliche Schuhladen beliefert nicht nur die Familie Mack und die Revuen des Parks, auch die Mitarbeiter können ihre Mitarbeitergutscheine bei der »Schlappengitta«, wie die Besitzerin im Ort genannt wird, einlösen. 8.000 mittelbare Arbeitsplätze in der Region, also auch in den umliegenden Gemeinden, hängen am Park, sagt eine Statistik. So ist fast jede Familie wirtschaftlich direkt oder indirekt vom Park abhängig und profitiert so von seinem Erfolg. Geht man durch den Ort, finden sich überall frisch renovierte Fassaden mit Giebeln und Gauben und dem

Hinweis auf Zimmervermietung. Also, vielleicht doch eher Kitzbühel als Leverkusen.

Die Ruster identifizieren sich mit dem Park, sie sagen »unser Park«, gehen dort essen, spazieren und mal eben über das Gelände oder gehen an ruhigeren Tagen Achterbahn fahren. Und wenn im September das Oktoberfestzelt aufgebaut ist, legen sie Dirndl und Lederhose an und pilgern auf eine Maß oder mehr ins Festzelt. Mancher im Ort bedauert aber auch dieses Überangebot, weil das Konzert der Blasmusik eben gegen eine Eisrevue oder eine Dinnershow eher abgestanden wirke und so die bürgerliche Eigeninitiative und das Vereinsleben verkümmere. Das Sozialleben des Ortes leide darunter, kann man dann immer mal wieder hören, wobei dieses Problem wohl auch andere Gemeinden kennen, die keinen großen Freizeitpark auf ihrer Gemarkung haben.

Der Ort ist für die meisten Betrachter von außerhalb identisch mit dem Park. Das merkt der Bürgermeister, wenn er in Stuttgart empfangen wird und darüber schmunzeln muss, welche Einflussmöglichkeiten ihm plötzlich zugetraut werden, nur weil Rust nicht mehr das Fischerörtchen in der Ortenau ist, sondern der Standort für Europas größten Freizeitpark. Es macht auch in der Landeshauptstadt Eindruck, dass sich Bill Clinton, Kofi Annan und diverse Bundespräsidenten ins Goldene Buch des Örtchens eingetragen haben.

So etwas verändert eine Gemeinde. Manche wollen noch mehr Geld verdienen, andere wollen jetzt lieber ihre Ruhe. Im Gemeinderat haben die Kritiker des Parks zwei Sitze, bei ihnen bündelt sich das Unwohlsein der Bürger, ihr Ärger über Lärmbelästigung, den hohen Mieten und anderer Unannehmlichkeiten. Auch der Verkehr hat wieder zugenommen. Doch insgesamt wissen die Ruster, was sie dem Freizeitpark in ihrer direkten Nachbarschaft zu verdanken haben. Die hohen Gewerbesteuereinnahmen machen einen ausgeglichen Haushalt möglich, aus dem ein repräsentatives Bürgerzentrum ebenso finanziert werden kann wie kostenlose Kita-Plätze und günstige Tarife im öffentlichen Nahverkehr. Mancher ist zu Geld gekommen, weil er sich rechtzeitig auf die Veränderungen eingestellt hat. Mancher ist zu sehr viel Geld gekommen, weil er seinen Acker zu Spitzenpreisen als Erweiterungsfläche an den Park verkaufen konnte.

Bürgermeister Gorecky war es immer wichtig zu betonen, dass die Gemeinde ein guter Partner war. Die Gemeinde sieht sich quasi als Ermöglicher dieser Erfolgsgeschichte. Sie habe Erweiterungen stets unterstützt, Flächenerschließungen bewilligt und die touristische Entwicklung des Orts begleitet. Rust, das in den 70ern gerade einmal etwas über tausend Einwohner hatte, steuert inzwischen auf die 4.000 zu. Dazu kommen noch viele Saisonkräfte des Parks, die in der Sommersaison den Ort bevölkern. Die Stadt hat bereits Maßnahmen ergriffen, den Zuzug zu kanalisieren, um die Grundstückspreise im Rahmen zu halten. Denn eins braucht der Park, viel Fläche.

Die Rolle von Rust werde in der Erfolgsgeschichte gerne übersehen, findet der Bürgermeister. Und ein Mann vom Selbstbewusstsein Roland Macks lässt sich vielleicht nicht immer so gerne daran erinnern, dass er seine Ideen und Visionen nur im Einvernehmen mit der Gemeindeverwaltung wahrmachen konnte und kann. Die Beziehungen sind eng in so einem Ort, auch zwischen dem Bürgermeister und Roland Mack, den er nur »den Roland« nennt. Die Söhne waren zusammen in der Klasse und haben wohl auch gemeinsam die ersten Zigaretten geraucht. Es sei sehr wichtig, so Gorecky, dass die Familie Mack seit der Gründung immer am Ort gelebt hätte und ihre Kinder hier ganz selbstverständlich aufgewachsen seien. Roland Mack hält gern die Büttenrede bei der örtlichen Narrenzunft und die Familien zeigen sich regelmäßig beim Straßenfest. Solche Gesten stärken das Vertrauen. Und wahr ist auch, viele Gemeinden hätten gerne die Probleme, die Rust hat.

Die Verleihung der Ehrenbürgerurkunde war eine der letzten Amtshandlungen Goreckys, bevor er aus dem Amt schied. Er erinnert sich noch, wie er bei seinem Amtsantritt vor 24 Jahren seinen Besuch bei Franz und Roland Mack machen musste. Man war misstrauisch, schließlich war der SPD-Mann der erste »Rote« im Rathaus.

7.
Die weite Welt ist mein Feld

Zeit, zu ruhen

Das Rückzugsrevier von Roland und Marianne Mack liegt tief hinten im Elztal, nicht weit von Waldkirch. Ein alter Bauernhof mit Holzschindeln und Reetdach. Eine kleine Kapelle steht auf dem Grundstück und eine Mühle, in der man heute noch Korn mahlen kann, auch wenn das eine Wissenschaft für sich sei, wie Roland Mack sagt. Sie haben es als Ruine gekauft, nachdem der Sturm Lothar dem 220 Jahre alten Bauernhaus fast den Rest gegeben hatte. Der Sturm hat damals neben den Tannen des Schwarzwaldes auch viele der alten Alleebäume im Europa-Park gefällt. Heute versammelt sich die Familie gern auf dem Hof, nicht nur zu Weihnachten.

Roland Mack hat das Bauernhaus mit den bewährten Fachleuten, die auch die historischen Gebäude im Park in Stand halten, renoviert und zum Teil neu aufgebaut. Es ist ein Kleinod geworden, das auch wieder zeigt, welchen Gestaltungswillen bis ins Detail seine Eigentümer an den Tag legen. Im Inneren eine klassische Bauernstube, ein Herrgottswinkel mit Kruzifix, viele liebevolle Details auf der Fensterbank. Der Rasen draußen ist korrekt gestutzt, die Wege akkurat geschottert. Es gibt gelbe Bodenleuchten am Tor und an den Wegen. Die Natur ist auf dem Grundstück gebändigt und bricht sich erst jenseits des Zauns wieder Bahn. Dort kauen Milchkühe auf der Weide. Roland Mack grübelt, ob er die drei Meter hohe Tanne fällen soll, weil sie vom Haus aus den Blick auf die Kapelle verdeckt.

Das Bauernhaus, so wie es da steht, würde sich auch in der Deutschen Allee im Europa-Park gut machen und zeigt ganz die Art, wie die Macks Altes erhalten und pflegen. Nicht museal, sondern funktional und natürlich mit modernen Annehmlichkeiten ausgestattet. Designermöbel oder futuristische Küchenzeilen, wie man sie heute gerne als bewussten Kontrast zum alten Gebäude einsetzt, haben da keinen Platz – praktisch muss es sein. Der ehemalige Kuhstall, ganz fensterlos, ist heute der Partykeller, in dem ausgesuchte Gäste bewirtet werden. Der Hof, ein gutes Stück entfernt von anderen Siedlungen im Tal, ist das ganz bewusste Kontrastprogramm zum täglichen Halligalli im Park. Marianne Mack sagt, sie genieße die Zeit, wenn ihr Mann einfach nur da ist und neben ihr sitzt. Das kann im Flugzeug oder im Auto sein, aber am liebsten auf diesem Hof. Wenn die Familie hier Zeit verbringt, backt Marianne Mack ihr Brot, früher zusammen mit den Kindern, heute für die Gäste. Der Hausherr hat sich vorgenommen, etwas aus dem Alltagsgeschäft zurückzutreten, die Jungen mehr machen zu lassen. Aber das fällt ihm nicht leicht. Das etwas zurückgezogene Leben im Simonswäldertal liegt wohl noch in weiter Ferne. Der Unterhaltungskonzern in Rust gönnt sich kaum noch Ruhezeiten, ist ständig in Bewegung, und so geht es auch seinem Chef.

Der schwere Sturz im Sommer 2013 hat Roland Mack zum ersten Mal nachhaltig daran erinnert, dass auch seine Kräfte nicht unerschöpflich sind. Er hat sich dabei mehrere Rippen gebrochen, musste vom Urlaubsort mit einem Flugzeug nach Deutschland geflogen werden und seinen Schreibtischstuhl mit dem Krankenlager tauschen. Es war der erste schwere Unfall in seinem Leben. Und als er dann ans Bett gefesselt war, sich kaum bewegen konnte, habe er gemerkt, wie eng er gedanklich an den Park gebunden ist. Es klingt fast widersinnig, wenn er angesichts dieses großen Unternehmens sagt: »Mir gingen Geschäftszahlen durch den Kopf und Fragen, die besprochen werden müssen. Da hab ich gemerkt, ich hab nicht viel anderes als den Park.« In dieser Zeit sei ihm auch klar geworden, dass der Aufbau dieses Unternehmens nur möglich gewesen sei, weil ihn seine Physis nicht im Stich gelassen habe. Das sei ein großes Glück.

Hier oben, etwas entrückt vom Park-Alltag, kommt selbst Roland Mack einmal auf andere Gedanken. Er könne sich vorstellen, seinen Lebensmittelpunkt stärker hierher zu verlegen, sagt er dann und seine Frau nickt nachdrücklich. Dann rechnet er vor, von hier aus brauche er nur 40 Minuten in den Park. Aber was ist mit den Abendveranstaltungen in den Hotels? Da wird es oft spät und man müsste nach ein paar Glas Wein noch nach Hause fahren. »Das ginge wohl nur, wenn wir die Hotels nicht hätten«, sagt Roland Mack dann und verwirft den Gedanken schnell wieder. Und seine Frau Manni sagt: »Im Haus in Rust haben wir es ja auch schön.«

Franz Mack

Nicht rasten können und auch die Härte gegen sich selbst, das hat Roland Mack wohl von seinem Vater geerbt.

Es gibt dieses Foto, das Roland, Jürgen, Michael und Thomas zusammen mit Franz Mack, in dunkles Tuch gekleidet, vor dem Schloss versammelt zeigt. Drei Generationen Mack. Franz Mack sieht darauf sehr zufrieden aus. Er hat noch erlebt, dass seine Enkel in die Geschäftsführung eingestiegen sind und auch bei den Schicksalsfragen für das Mutterhaus in Waldkirch entscheidend mitgewirkt haben.

Im Jahr 2010 starb Franz Mack mit 89 Jahren, sechs Jahre, nachdem auch Elisabeth Mack gestorben war. Roland Mack war in den letzten Stunden bei seinem Vater. Es war eine enge, aber auch eine schwierige Beziehung zwischen Vater und Sohn.

Am Vater, diesem Familienpatriarch und Gründer, arbeitet sich Roland Mack bis heute ab. Sehr beeindruckend hat er selbst in Fernsehinterviews immer wieder zu Protokoll gegeben, dass er lange darunter gelitten habe, dass es seinem Vater nie gelungen sei, die Leistungen des Sohns in Worte zu fassen. Und so lässt sich der Ehrgeiz und der unbedingte Wille zum Erfolg, den Roland Mack bis heute ausstrahlt, auch in der Suche nach der Anerkennung beim eigenen Vater erklären. Vor allem in den ersten Jahren habe der Vater nur wenig Widerspruch geduldet, sagt Roland Mack. Aber er habe ihn stets gefördert und mehr wohl noch herausgefordert. Dann war ihm Roland fachlich irgendwann ebenbürtig, wenn auch auf anderen Gebieten. In den letzten Lebensjahren von Franz Mack war das Verhältnis der beiden weniger konfrontativ, fast versöhnlich. Doch zu diesem einen Wort des Lobes, das sich Roland Mack gewünscht hätte, konnte sich der Senior nicht durchringen.

Franz Mack selbst war im Alter hoch geehrt, Träger des Bundesverdienstkreuzes Erster Klasse, Ehrenbürger von Rust und Träger der Ehrenmedaille seiner Heimatstadt Waldkirch. Auch ein Stern in der »Hall of Fame« des Weltverbands der Freizeitindustrie trägt seinen Namen. Seine kühne Idee hat Dimensionen erreicht, die er sich nie erträumt hätte und die ihm im höheren Alter wohl manchmal nicht mehr ganz geheuer waren. Aber auch für diesen Erfolg hatte Franz Mack nur ein paar sparsame Wort übrig. In einem Fernsehinterview darauf angesprochen, sagte er: »Wenn man den Lauf der Firma sieht, war alles net so verkehrt.«

Die achte Generation

Jetzt ist Roland Mack in die Position des Seniorchefs aufgerückt, auch wenn er das nicht gerne hört. Ihm, dem Macher, fällt es nicht leicht, über das Alter zu sprechen, das sagt er selbst. Gerne spielt er mit seinem ersten Enkel Paul, dem Sohn von Michael und dessen Frau Miriam, der 2010 auf die Welt kam. Aber Opa genannt wird er nicht gerne. Roland Mack mag sich nicht in die Rolle des Großvaters fügen, er sieht sich noch immer als die Lokomotive des Familienunternehmens und das stimmt auch an vielen Stellen nach wie vor.

Aber die Söhne Thomas und Michael sind längst im Park in Verantwortung, Michael seit 2005 und Thomas seit 2007. Wie der Vater damals in den Betrieb in Waldkirch, so sind auch sie in das Geschäft hineingewachsen. Zuerst war der Park der große Spielplatz, auf dem man mit den Golfcars und Westernbahnen Wettrennen veranstalten konnte. Später waren sie in den Schulferien unter den Euromaus-Kostümen zu finden oder schoben als Schüler Dienst auf dem Parkplatz. Michael Mack arbeitete seit dem Ende seiner betriebswirtschaftlichen Ausbildung zunächst im Waldkircher Betrieb. Auch Thomas Mack stieg direkt nach seiner Ausbildung zum Hotelier ein und ist heute für Gastronomie und Hotels des Parks zuständig.

Die Fußstapfen, in die beide treten, sind zweifellos groß. Was der Vater, die Onkel und der Großvater geschaffen haben, wäre für ein Familienunternehmen heute so nicht mehr möglich. Falls Thomas und Michael Mack darunter leiden, dass es in so einem eingespielten Unternehmen gar nicht so leicht ist, eigene Akzente zu setzen, so lassen sie sich das zumindest nicht anmerken. Als Sohn des Gründers möchte man natürlich nicht derjenige sein, in dessen Ära der Erfolg nachlässt. Diesen Druck müssen sie aushalten. Aber sie fordern schon auch mehr Zeit für die eigene Familie ein. Sie suchen ihren eigenen Stil, der weniger hart ist als der des Großvaters und etwas weniger kämpferisch wirkt als der des Vaters. Beide profilieren sich im Unternehmen zunehmend selbstbewusst mit eigenen Projekten. Sie scharen eigene Teams um sich und fordern immer mehr Verantwortung ein.

Eigentlich war die Präsidentschaft Roland Macks beim internationalen Branchenverband IAAPA 2012 auch dazu gedacht, den Söhnen mehr Freiraum zu geben. Während Roland Mack rund um den Erdball Termine für den Weltverband wahrnahm, sollten sie sich im täglichen Geschäft freischwimmen können. Doch dann war der Vater zwischen den Kontinentalflügen doch wieder omnipräsent. »Und dann«, sagen die Söhne, »war immer ein, zwei Tage der Teufel los.«

Sie sind es gewohnt, kennen den robusten Umgang des Vaters und nehmen es sportlich, auch wenn sie den einen oder anderen Rüffel sogar dann kassieren müssen, wenn das Fernsehen mitfilmt. Thomas Mack sagt: »Das Spannungsverhältnis ist ganz wichtig für die Entwicklung des Parks. Wir haben oft Meinungsverschiedenheiten und diskutieren teils heftig.«

Die Konstellation erinnert an die Gründungsphase, als Franz Mack die Geschicke des Parks lenkte. Oft behält der Vater noch das letzte Wort. Aber die Söhne können inzwischen erste, eigene Erfolge vorweisen. Kleinere, wie das *FoodLoop*-Restaurant oben im *Historama*, oder große, wie die *Wodan*-Achterbahn, die im Wesentlichen von den Söhnen angestoßen und durchgesetzt worden ist. Oder auch das Gourmet-Restaurant *Ammolite* im *Bell Rock* Hotel, das gleich im ersten Jahr mit einem Michelin-Stern ausgezeichnet wurde. Damit hat Thomas Mack ein anspruchsvolles Gastronomiekonzept in den Park integriert, was es vorher so nicht gegeben hat.

Michael Mack, der gleich nach dem Ende seiner Ausbildung bereits Wesentliches zum Erhalt und der Modernisierung des Waldkircher Mutterunternehmens beitrug, hat als Betriebswirtschafter auch die Modernisierung der Abläufe im Park im Blick. Eher spröde Themen wie die Frage, wie man Aufträge an externe Firmen geregelter als früher vergibt und wie man das Logistikzentrum endlich an die Größe des Parks anpasst. Als Leiter von Mack Solutions ist er auch für den kreativen Teil des Parks zuständig. Denn hier entwirft ein junges Team Layouts für das Erscheinungsbild künftiger Attraktionen.

Ergebnisse sind bei der Holzachterbahn *Wodan* und auch bei dem interaktiven Fahrgeschäft *Arthur – im Königreich der Minimoys* zu sehen, das in Kooperation mit dem französischen Starregisseur Luc Besson entstanden ist. Mit diesem neuen Fahrgeschäft setzt der Park einmal mehr neue Maßstäbe. Hersteller ist Mack Rides Waldkirch. Das Projekt erfüllt gleich mehrere Anforderungen. Bessons Filme über den halbwüchsigen Arthur und seine Abenteuer in der Welt des winzigen Grasvolks waren vor allem in Frankreich erfolgreich. Der Park hofft mit dieser neuen Attraktion auf noch mehr Aufmerksamkeit im Nachbarland. Zudem ist *Arthur* ein Darkride, also eine Bahn, die zum größten Teil in einer geschlossenen Halle fährt und somit eine für die Wintersaison besonders geeignete Attraktion darstellt. Außerdem loten die Macks mit *Arthur* auch zum ersten Mal die Möglichkeiten für Fahrgeschäfte mit Filmlizenzen aus. Ein Trend, der in der Branche in den letzten Jahren immer stärker geworden ist.

Medien sind das große Thema von Michael Mack. Er kümmert sich stärker als alle sonst im Familienrat um digitale Medien. Wie kann der Park, auch nach dem Besuch, ein Erlebnis für zu Hause sein. Könnte die Euromaus Protagonist von Computerspielen sein? Michael träumt davon, eigene Protagonisten zu schaffen, die auch Stars von Kinderfilmen werden können. Er sagt: »Immer wenn ich sehe, wie begeistert mein Sohn Disney-Filme guckt, denke ich mir, warum läuft da nicht etwas von uns? Mit dem Animationsfilm »Das Geheimnis von Schloss Balthasar« gibt es zum ersten Mal einen eigenen Film, produziert vom Europa-Park, der in Rust – aber, wie man hört, auch in Kinos in Fernost – erfolgreich gelaufen ist. Michael Mack verfolgt dieses Metier weiter, auch wenn sein Vater diesen Ideen skeptisch gegenübersteht. Experimente dieser Art kann sich das Unternehmen heute leisten.

Im Stillen nötigt das dem Vater Respekt ab, auch wenn er sich, wie jeder Vater, wünschen würde, dass sie ihn öfter mal um Rat fragen. Roland Mack fällt es nicht leicht, den Stolz gegenüber seinen Kindern in Worte zu fassen. Immerhin, ein Fortschritt gegenüber früheren Generationen ist zu erkennen: Roland Mack kann zugeben, dass ihm das Lob schwerfällt.

Ein Teil der neuen Generation ist also angekommen, gemeinsam mit der älteren Generation Jürgen und Roland führen sie heute die Geschäfte. Auch über eine Erbschaftsregelung wurde hinter verschlossenen Türen verhandelt. Solche

Verträge zwischen den Generationen bergen Konfliktpotenzial. Neben Thomas und Michael ist da auch noch Ann-Kathrin Mack, die jüngste Tochter von Roland und Marianne. Sie studiert Architektur und zeigt erst in den letzten Jahren intensiveres Interesse an der Arbeit im Park. Und auch mit den beiden Kindern von Jürgen und Mauritia Mack, Frederik und Alexia, muss man rechnen. Der Park wäre inzwischen groß genug, um alle Kinder angemessen zu beschäftigen. Mit der geplanten Erweiterung ohnehin. Die gemeinsam erarbeitete Familienverfassung wurde 2014 beschlossen, darin steht, wie das Unternehmen in der Zukunft Bestand haben soll.

Zum Wachstum verdammt

Gerade einmal 16 Hektar war der Ruster Park groß, als er im Sommer 1975 als Freizeitpark eröffnet. Heute hat sich der Europa-Park auf fast einen Quadratkilometer und damit um das Sechsfache ausgedehnt. Jahr für Jahr ziehen immer neue Gebäude und Attraktionen die Besucher an.

Der Park hat dabei seinen Einzugsradius enorm erweitert. Früher galt die Faustregel, dass ein Freizeitpark Menschen anzieht, die maximal zwei Autostunden entfernt wohnen. Mit den Hotels hat sich das Einzugsgebiet nicht nur auf ganz Deutschland, sondern weit darüber hinaus ausgedehnt – somit macht der Park seinem Namen alle Ehre. Roland Mack sieht sein Unternehmen längst in Konkurrenz zu Parks und Unterhaltungsangeboten in Deutschland und auch in Europa. Internationale Übernachtungsgäste bleiben heute schon mehrere Nächte. Sie besuchen ein oder zwei Tage den Park und starten dann zu einer Rundreise durch den Schwarzwald, nach Freiburg und Baden-Baden und machen vielleicht noch einen Abstecher ins benachbarte Elsass. Für Touristen aus Übersee ein verlockendes Urlaubspaket. Sogar aus dem Nahen Osten kommen deshalb eine wachsende Zahl an Besuchern. Und selbst im Heimatland der Themenparks, den USA, wird der Europa-Park als Station einer Rundreise durch den alten Kontinent immer beliebter. Kürzlich gab es sogar in der legendären US-Fernsehsendung »The price is hot« eine einwöchige Reise nach Rust zu gewinnen. Eintrittskarten für den Europa-Park inklusive.

Mit der Entscheidung für die Hotels, Anfang der 90er-Jahre, hat Roland Mack die Tür in diese Zukunft aufgestoßen. Seitdem ist dem Wachstum des Parks und auch des Ortes Rust hin zur internationalen Tourismus-Destination eigentlich keine Grenze gesetzt. Mit der Autobahnanbindung und dem Flughafen Lahr in nächster Nähe ist der Europa-Park längst besser erreichbar als manch andere Ferienregion in Europa. Mit dem dreispurigen Zubringer kann der Besucheransturm angemessen bewältigt werden. Anders als in anderen deutschen Parks gibt es in der Rheinebene, rund um Rust, kaum räumliche Beschränkung für ein weiteres Wachstum. Der Park hat sich zusätzliches Gelände bis fast zur A 5 gesichert und diesen Platz wird er auch brauchen. 80 Prozent der Gäste erwarten jedes Jahr eine neue Attraktion und alle paar Jahre ein neues Stadtviertel. Aber wie lange lässt sich dieser Rhythmus, in dem der Park in den letzten Jahrzehnten gewachsen ist, in Zukunft durchhalten? Was folgt auf Island? Entlang der neuen Mitglieder der EU bald ein ungarischer Bereich und später irgendwann einmal ein türkischer? Was kommt nach der elften Achterbahn? Die zwölfte? Wollen das die Besucher oder stellt sich nicht irgendwann das Gefühl der Überforderung und Reizüberflutung ein?

Spätestens, wenn die Besucher das Gefühl haben, dem ganzen riesigen Angebot nicht mehr Herr zu werden, ist der Punkt erreicht, an dem der Park sich nicht mehr weiter ausdehnen kann. Wo genau dieser Punkt liegt, ist schwer zu sagen und wohl auch ein ganz subjektives Gefühl der Besucher. Manchem, der das Gelände seit den Anfängen kennt, wird es schon heute ein wenig eng und an manchen Stellen vielleicht etwas überladen vorkommen. Aber sicher ist auch, dass der Europa-Park mit seinen scheinbar unzähligen Attraktionen dieser Grenze heute schon sehr nahe kommt.

Alte Attraktionen durch neue zu ersetzen und so den Park immer wieder im Bestand zu erneuern, ist dabei nur bedingt eine Möglichkeit. Denn viele Besucher kommen auch aus nostalgischen Gründen. Sie wollen die neue Achterbahn ausprobieren. Aber sie wollen mit ihren Kindern auch in ein altes Benzinauto steigen, wie es ihre Väter mit ihnen getan haben, auch wenn dieses Fahrgeschäft mittlerweile veraltet ist. Bei der Modernisierung alter Attraktionen ist also Fingerspitzengefühl gefragt. Und beim nächsten Ausbauschritt braucht es eine neue Vision.

Der Wasserpark

Wie also wachsen und wenn ja, in welche Richtung? Mit dem *Colosseo* und mehr noch mit dem *Bell Rock* ist der Park schon über sein eigentliches Gelände hinaus in den Ort hineingewachsen. Die Gemeinden Rust und das benachbarte

Ringsheim haben seit Jahren über einen Zweckverband ein Gelände von insgesamt 140 Hektar gesichert, um dem Park Entwicklungsmöglichkeiten in der Zukunft zu geben. Das Gelände schließt nicht direkt an den Ort an, trotzdem wäre Rust dann von drei Seiten von Freizeiteinrichtungen eingeschlossen. In Rust witzeln manche schon, die Bürger würden dann die »Aborustinals«, die Eingeborenen, deren Leben in natürlicher Umgebung die Besucher dann irgendwann auch interessiert studieren.

140 Hektar Raum für Ideen. Aber was soll auf dieser Fläche entstehen? Frühere Überlegungen sahen ein Feriendorf vor. Holzhäuser zum Übernachten im Stil der Center Parcs, dazu eine – natürlich jugendfreie – Amüsiermeile, in der man am Abend auch außerhalb des Parks flanieren kann. Aber diese Ideen zählten im Universum der Macks eher als eine Nummer zu klein. Denn sie wären nur Erweiterungen des bereits Bestehenden, kein wirklich neues Angebot.

Seit fast zehn Jahren diskutieren die Macks nun einen weitaus kühneren Ansatz. Ein zweiter Park in nächster Nachbarschaft unter der Marke Europa-Park, aber mit einem ganz anderen Angebot, als es das Stammgelände für die Besucher bietet. Vorbild ist auch hier Disney. Das Disney World Resort in Florida besteht aus sechs verschiedenen Parks, die alle eine eigene Themenausrichtung haben und sich daher in ihrem Angebot klar abgrenzen.

Ein zweiter Park mit einem anderen Motto könnte auch in Rust eine Lösung sein auf dem Weg zu einer ausgewachsenen Urlaubsdestination. Doch mit welchem Motto kann sich das neue Angebot vom Europa-Park abgrenzen? Auch darüber wurde lange nachgedacht und diskutiert. Die Macks sind, anders als Disney, kein Medienunternehmen, sie besitzen keine Lizenzen für bekannte Comicfiguren oder Filmhelden und sie sind auch nicht bereit, dafür Millionen auszugeben. Zumal das Geschäft mit solchen Lizenzen schnell wechselnden Moden unterworfen ist und damit höchst riskant. Wie lange hält die Begeisterung für die Piraten der Karibik an? Wann wird etwa der Hype um Harry Potter, dem Universal jüngst einen ganzen Park in Orlando gewidmet hat, von einem anderen abgelöst? Anders als ein großer Konzern kann es sich ein Familienunternehmen nicht leisten, dann rasch in neue Lizenzen und den Umbau eines ganzen Parks zu setzen.

Ein zweiter Park müsste also ein Angebot liefern, das keine Besucher vom alten Park abzieht, das zeitlos ist und das trotzdem auf ein breites Interesse stößt. Da gibt es weltweit eigentlich nur einen Trend, der all diese Kriterien erfüllt: ein Wasserpark.

Nun ist die Ortenau im Vergleich zu anderen Landstrichen in Deutschland mit vielen Sonnenstunden gesegnet, aber nicht gerade Florida, wo Disney, neben dem klassischen Magic Kingdom, gleich zwei Wasserparks in nächster Nachbarschaft betreibt. In Rust rechnet man mit etwa 50 Hochsommertagen pro Saison, die die Menschen in Scharen ins Freibad treiben. Aber auch in den USA haben sich längst Wasserparks, etwa nahe New York, etabliert, die auch überdachte Bereiche haben.

Ein Wasserpark wäre in unseren Breiten ein völlig neues Angebot. Es gibt bisher nichts Vergleichbares in Deutschland, nicht einmal in Mitteleuropa, sieht man von vielen wesentlich kleineren Spaßbädern in verschiedenen deutschen Städten ab. Doch der Aquapark in Rust soll eine andere Dimension erreichen: Nicht nur halsbrecherische Rutschen, die sich bunt über das Gelände schlängeln, sondern auch Becken und Brunnen, große Strömungsbecken in allen Varianten, eine Poollandschaft der Extraklasse, dazu ein Wellenbad in XXL. Halb offen vielleicht für die vielen Sonnentage in der Ortenau und halbüberdacht für den Rest des Jahres. Auch über ein Schiebedach haben sie schon einmal nachgedacht. Eben ein Traum für Wasserratten und eine große Vision für das Familienunternehmen.

Ein solches Vorhaben würde noch einmal mehr Übernachtungsgäste bedeuten, und es würde die Verweildauer steigern, also die Anzahl der Nächte, die jeder Gast bleibt, um nun beide Parks ausgiebig erkunden zu können. Für den Europa-Park würde eine Nachbarattraktion im Sommer, wenn der Park heute schon an seine Kapazitätsgrenzen kommt, wohl eine gewisse Entzerrung bedeuten. Zudem wäre das Unternehmen groß genug, dass auch die Kinder von Jürgen Mack, wenn sie denn in das Unternehmen drängen, genügend Betätigungsfelder fänden. Auch der Ort hofft bei einem weiteren großen Angebot auf eine längere Verweildauer der Gäste. Dass vor allem noch mehr ausländischen Gäste ihr Basislager in Rust aufschlagen. Die Gemeinden Rust und Ringsheim nennen es das »Projekt Zukunft«. Glaubt man den Bürgermeistern, sind es auch die Gemeinden, die den Park zu der Erweiterung gedrängt haben.

Kurz: ein zweiter Park würde dem Familienunternehmen mit einem Schlag ganz neue Dimensionen eröffnen.

Eigentlich gibt es nur Argumente dafür, sagt Roland Mack selbst. Wasserangebote sind im Europa-Park so beliebt wie nur wenige andere Freizeitangebote, sie stehen bei Umfragen nach den Wünschen der Besucher mit Abstand an erster Stelle. Überall schießen die Spaßbäder aus dem Boden und auch Disneyland Paris und andere Wettbewerber in

Deutschland denken bereits über Aquaparks nach. Mancher Mitarbeiter hat wohl schon die roten Shorts im Schrank und träumt von einer Baywatch-Karriere am Rande eines sonnenüberfluteten Pools.

Trotzdem diskutierte der Familienrat so lange darüber wie über kein anderes Projekt. Immer wieder werden Umfragen ausgewertet, Besucherzahlen, Kosten und Einnahmen kalkuliert. Denn dieses Projekt sprengt auch für die Macks alle bisherigen Dimensionen.

Die Strategie der Familie war es immer, maßvoll mit dem Erfolg zu wachsen. Jedes Jahr etwas Neues, erst ein Hotel, wenn sich der Erfolg abzeichnet, weitere. Seniorchef Franz Mack verlangte immer Maß zu halten. »Man könne nur ein Schnitzel essen.« Oder wie der Amerikaner Chip Cleary die Ruster Strategie beschreibt: »Abbeißen, kauen und schlucken«, eins nach dem anderen. Diese Strategie müssen sie diesmal zu einem guten Teil aufgeben. Wie bisher Stück für Stück zu wachsen, nur so viele Fehler zu machen, wie man verkraften kann, und das Risiko dadurch zu begrenzen, so kann man einen solchen Park heute nicht mehr aufbauen. Mit nur ein paar Rutschen und einem Pool lockt man heute keinen mehr an.

Wenn schon, dann soll es ein Aquapark werden, »wie ihn Europa noch nicht gesehen hat«, so formuliert es Michael Mack 2013 gegenüber der *ZEIT*. Man rechnet mit 500.000 bis 800.000 Besuchern jährlich. Das ist es auch, was man von Deutschlands größtem Freizeitpark erwartet. Der Europa-Park hat eigene Maßstäbe der Freizeitunterhaltung gesetzt, die er bei einem neuen Projekt selbst nicht reißen darf. Ein solches Projekt jedoch wäre die größte Investition, die das Unternehmen Mack je auf einmal stemmen musste.

Da zögert selbst Roland Mack, der sonst immer ungeduldig ist und mit neuen Ideen vorausprescht. Über Jahre holte er immer neue Meinungen ein, gab immer neue Umfragen in Auftrag, schickte befreundete Wasserparkbetreiber für Gutachten durch Europa. Dem erfahrenen Unternehmer fehlte wohl lange dieses eindeutig positive Bauchgefühl, das bei ihm nach allem Rechnen und Diskutieren sonst immer den Ausschlag gibt. So war es damals, als sie in Rom im Kolosseum standen und plötzlich wussten, wie sie das Hotel bauen sollten und auch der Vater nichts mehr dagegen zu sagen hatte. So war es, als sie beschlossen haben, das Delfinarium nicht neu zu bauen, obwohl die Pläne für Europas größte Delfinshow schon auf dem Tisch lagen. Bei solchen Entscheidungen haben, nach allen rationalen Erwägungen, am Ende das Gefühl und die Intuition des Unternehmers über Hop oder Top entschieden.

Vielleicht merkt er beim Wasserpark auch, dass ihm der Vater fehlt, der bis zu seinem Tod der wichtigste Sparringspartner im Ringen um die richtige Lösung bei großen wie kleinen Investitionen war. Vielleicht fühlt er sich bei diesem Thema zum ersten Mal tatsächlich einsam in der Entscheidung, obwohl er von seinem Bruder und den beiden Söhnen im Familienrat umgeben ist. »Da könnten sich doch mal die Kinder erproben«, raunzt Roland Mack dann etwas übellaunig, wenn man ihn darauf anspricht. Es genüge nicht, im Familienrat Zustimmung zu signalisieren und beim Rotwein Visionen zu entwickeln, sagt der Patriarch. Da müsse man schon in die Niederungen der Besucheranalyse und der Kostenplanung gehen, um am Ende ein sicheres Gefühl zu haben, dass so etwas funktionieren könne. Beim Wasserpark würden sie sich als Unternehmer beweisen, indem sie das komplexe Thema bis in die Detailplanung zu ihrem machen, findet der Vater.

Aber kann man das von ihnen tatsächlich erwarten? Der Wasserpark ist Roland Macks Idee, bei der die Söhne die Chance haben eine eigene Handschrift zu hinterlassen. Doch sie wissen, bei einem Projekt dieser Größe werden sie nie alleinige Herren des Verfahrens sein, Vater und Onkel müssen stets überzeugt werden. Roland Mack sagt es selbst: »Ich glaube nicht, dass der Park in einem überschaubaren Zeitraum soweit wäre, wenn ich das nicht anschieben würde.«

Um sein Lebenswerk zu krönen braucht Roland Mack den Wasserpark sicher nicht. Was er mit dem Europa-Park geschaffen hat, wird noch lange Zeit mehr als nur gut funktionieren und auf Roland Mack, den Gründer, zurückstrahlen. Aber damit will er sich nicht zufrieden geben. Er kann den Stillstand nicht ertragen und für den Park wäre er langfristig auch falsch. »Wo wären wir heute, wenn wir 1995 die Hotels nicht gebaut hätten?«, fragt er. Und auch das Geschäftsfeld, den Park als Kongress- und Konferenzresort zu etablieren, war letztlich entscheidend dafür, dass der Park heute so erfolgreich ist.

In einem kleinen Büro im Verwaltungstrakt hängen nun die geheimen Pläne für das Großprojekt. Chip Cleary arbeitet daran zehn bis zwölf Stunden am Tag. Der Amerikaner ist eine Art Geburtshelfer für das Projekt. Er wurde von Roland Mack als Berater hinzugezogen, auch wenn manche Mitarbeiter sagen, eigentlich habe man alle wichtigen Informationen bereits vorgelegt. Cleary ist wahrscheinlich der beste Kenner der Branche, er war verantwortlich für die Gründung des Splish Splash Water Park auf Long Island und führte das Unternehmen selbst jahrelang. Jetzt ist Cleary immer monatsweise in Rust, wohnt mitten im Park, in der alten Wohnung, die die Macks damals bei der Gründung bewohnt haben.

Die wichtigsten Weichen sind inzwischen gestellt. Zunächst ist ein Gelände von 34 Hektar vorgesehen, das mit einer Bahn mit dem Europa-Park verbunden wird. Es wird zwei Ausbaustufen geben, erst das Indoor-Angebot mit fast 20.000 Quadratmetern, welches das ganze Jahr über Besucher anzieht und etwa 5.000 Besuchern Platz bietet. Es ist ein Hotel geplant und später auch eine Amüsiermeile, mit Shows, Bars und Diskotheken. Auch hier wollen sich die Macks langsam vorantasten.

Nun hat der Wasserpark zum ersten Mal ein Eröffnungsdatum: Spätestens zur Saison 2017 soll er fertig sein, wenn die Behörden mitspielen und es keine Bauverzögerungen gibt.

Die Macks haben sich entschlossen, ein weiteres Mal der Pionier unter den deutschen Freizeitparks zu sein. Sie werden wieder einmal neue Maßstäbe setzen. Für Roland Mack wäre es der größte Wurf seit der Gründung, sein Meisterstück sozusagen.

Er fühlt sich zu jung, um auf ein Lebenswerk zurückzublicken, Roland Mack blickt lieber nach vorne. Doch er hat zweifellos eines geschaffen. Mit Fleiß, Beharrlichkeit und vor allem Geradlinigkeit. Er ist einer der Pioniere der Unterhaltungsindustrie in Deutschland und einer der ersten, der den Deutschen den Service-Gedanken nahegebracht hat. Mit einem Wort: er ist einer der großen deutschen Familienunternehmer.

Einer der bleibenden Werte aber ist der familiäre Zusammenhalt, der auch in der achten Generation, zumal in einer

Zeit, in der solche Werte unverbindlicher werden, beeindruckend ist. Familie geht Roland Mack über alles. Seine Kinder lassen sich auch heute nicht lange bitten, wenn Roland und Marianne Mack zu einer Familienzusammenkunft oder einem gemeinsamen Urlaub rufen.

Dieser Zusammenhalt hat Roland Mack selbst immer Kraft gegeben, aber er gibt auch diesem Unternehmen heute seine Stärke und seine Unverwechselbarkeit.

Zusammen mit seinem Bruder wird er den Übergang zur nächsten Generation noch jahrelang intensiv begleiten und sich immer wieder einmischen, wie es sein Vater auch getan hat.

Dass die Ideen und Werte der Familie auch in der nächsten Generation verstanden werden, dessen kann sich Roland Mack ziemlich sicher sein. Alles spricht dafür.

Meilensteine

1780 Paul Mack gründet einen Wagnerbetrieb in Waldkirch.

1843 Mit dem Tivoli in Kopenhagen eröffnet der erste Freizeitpark in Europa.

1880 Heinrich Mack I. baut erste Wagen für die Waldkircher Drehorgel-Manufakturen.

1912 Max und Heinrich Mack III. führen gemeinsam das Unternehmen. Hauptsächlich Wagenbau für Schausteller und Zirkusse. Erste Fahrgeschäfte.

1921 Mack baut seine erste Holzachterbahn.

7. März 1921 Vater Franz Mack wird geboren.

1936 Mack Waldkirch baut die erste Benzinbahn.

1949 12. Oktober Roland Mack wird in Freiburg geboren.

1951 Mack Waldkirch liefert wieder ins Ausland. Jetzt auch nach Amerika.

1951 Die erste Bobbahn aus Holz von Mack entsteht.

1955 Mit Disneyland in Kalifornien wird der erste Themenpark der Welt eröffnet.

1957 Mack baut den Prototyp des späteren Verkaufsschlagers *Wilde Maus*.

1958 Jürgen Mack wird am 3. Juni geboren, Umzug auf das heutige Firmengelände. Großvater Heinrich Mack III. stirbt im selben Jahr. Die drei Brüder Franz, Hermann und Willi übernehmen die Geschäftsführung.

1969 Roland studiert in Karlsruhe. Abschluss 1974.

1972 Eine Rundreise in den USA bringt die Idee vom eigenen Themenpark.

1975 In der Gemeinde Rust erwirbt Familie Mack den Park des Schloss Balthasar. Als weiteres Gelände wird ein angrenzender Märchenpark erworben. Die Gesamtfläche beläuft sich auf 16 Hektar.

Am 12. Juli 1975 eröffnet. Im ersten Jahr weist der Park 250.000 Besucher auf. Im Oktober kirchliche Trauung von Roland und Marianne Mack.

1978 Eine Million Besucher. Roland ist Gründungsmitglied und Vizepräsident im Verband Deutscher Freizeitunternehmer.

21. Dezember 1978 Michael Mack wird geboren.

1979 Roland verpflichtet Filmarchitekt Ulrich Damrau.

1981 Europäisches Themenkonzept wird eingeführt.

4. Januar 1981 Thomas Mack wird geboren.

1984 Der Park macht zum ersten Mal mehr Umsatz als das Waldkircher Unternehmen.

1987 Jürgen Mack tritt in die Geschäftsführung ein.

1988 200 Jahre Mack Waldkirch.

1989 19. Oktober Ann-Kathrin Mack wird geboren.

1989 Franz Mack scheidet als Geschäftsführer in Waldkirch aus. Roland wird neben Gerhard Mack und Kurt Mack-Even Geschäftsführer.

1991 Das Quartier Francais wird eröffnet. 1991 besuchten erstmals zwei Millionen Menschen den Europa-Park.

1992 Disneyland Paris eröffnet. Mitte der 90er-Jahre stellt Mack Waldkirch den Bau von Schaustellerwagen ein.

1995 Der Park eröffnet das erste Hotel in einem deutschen Freizeitpark. Vier weitere und ein Camp-Resort folgen.

1998 Das *Confertainment Center* (Conference & Entertainment) wird entwickelt. Heute werden fast 1.500 Veranstaltungen im Jahr organisiert.

2001/2002 Erstmals Winteröffnung. 180.000 Gäste besuchen den weihnachtlich geschmückten Park.

2002 Nach dreißigjähriger Debatte und Planung wird der Autobahnanschluss Rust eröffnet.

2003 Der Europa-Park erhält als erster Freizeitpark in Deutschland das Sicherheitszertifikat »Zertifizierter Freizeitpark« des TÜV-Süd.

2004 Liesel Mack stirbt.

2005 Wirtschaftliche Turbulenzen in Waldkirch. Eintritt Michaels und 2007 Thomas' in die Geschäftsführung.

2007 Ulrich Damrau stirbt.

2010 Franz Mack stirbt.

2011 Der Park hat erstmals 4,5 Millionen Besucher.

2012 Der mittlerweile 90 Hektar große Park umfasst 11 Achterbahnen, fünf Themenhotels und 100 weitere Attraktionen. Bis dato wurden knapp 600 Millionen Euro in den

Park investiert. Größtes Hotelresort und größter Gastronomiebetrieb an einem Standort in Deutschland.

2013 Die konkreten Planungen für einen Wasserpark beginnen. Der Park kratzt in der Saison die 5 Millionen-Besucher-Marke.

Als erster Park weltweit erhält der Europa-Park das Zertifikat »Green Amusement Park« des TÜV Süd Industrie Service.

Das Restaurant *Ammolite* im Hotel *Bell Rock* erhält als weltweit erstes Restaurant in einem Freizeitpark einen Michelin-Stern.

Auszeichnungen und Preise

1991 Wirtschaftsmedaille des Landes Baden-Württemberg.

1998 Tourismusmedaille des Landes Baden-Württemberg.

1999 Bundesverdienstkreuz am Bande.

2000 Roland Mack wird zum »Hotelier des Jahres« gewählt.

2002 »Ordre national du Mérite«.

2003 Sonderbotschafter des Europarates für Familien, »Entrepreneur des Jahres« in der Kategorie Dienstleitung, Mitglied im Hochschulrat der Universität Karlsruhe, »Chevalier dans l'Ordre des Palmes Académiques«.

2004 Goldene Ehrenmedaille des Verbands deutscher Ingenieure, Innovationspreis des Bundesverbandes der Deutschen Tourismuswirtschaft e.V.

2005 Verdienstmedaille des Landes Baden-Württemberg, Ehrenbürger der elsässischen Stadt Erstein, später auch von Sélestat (Schlettstadt 2011).

2006 Ehrenpreis des Tourismusausschusses, Ehrenburger der Walliser Gemeinde Chandolin.

2007 Silbermedaille der Fondation du Mérite Européen für sein europäisches Engagement.

2008 Lorenz-Werthmann-Medaille der Caritas, »Chevalier de la Légion d'Honneur«, Ehrensenator der Universität Freiburg.

2011 Bürgermedaille der Gemeinde Rust, Präsidentschaft des Weltverbandes der Freizeitindustrie als erster Deutscher.

2013 Ehrendoktorwürde der Maschinenbaufakultät der KIT.

2014 Ehrenbürger der Gemeinde Rust. Brillat-Savarin-Plakette, die höchste Auszeichnung im bundesdeutschen Gastgewerbe.

Dank

Ein Reporter erzählt die Geschichten der Anderen, neben schriftlichen Quellen fußen sie vor allem auf Erzählungen und Einschätzungen, die einem Menschen anvertrauen. Darauf war ich, weil die Familie Mack kein Familienarchiv führt, bei diesem Buch in besonderem Maß angewiesen. Roland Macks Bereitschaft, über sein Leben zu berichten und zu ausführlichen Gesprächen zur Verfügung zu stehen, war Voraussetzung für solch ein Projekt. Dass er so vorbehaltlos Auskunft gegeben und einen tiefen Einblick in Privates und Geschäftliches gegeben hat, ist ein Vertrauensbeweis, für den ich zu danken habe.

Zum Gelingen des Projekts hat vor allem Horst Koppelstätter beigetragen, der mir alle Unterstützung gegeben hat, die ein solches Projekt braucht. Daneben haben viele andere die Recherchen zu diesem Buch in weit größerem Maß unterstützt, als sie es hätten tun müssen. Neben der Familie Mack sind das vor allem Christine Wenz, Michael Kreft von Byern sowie der Geschäftsführer von Mack Rides, Christian von Elverfeldt.

Familie zählt bei den Macks sehr viel und sie ist Teil ihres Erfolges. Auch dieses Buch war eine kleine Familienunternehmung. Meinen Eltern danke ich für die unzähligen Park-Besuche in meiner Jugend, die aus heutiger Sicht eine Art Vorrecherche zu diesem Buch waren. Irmingard Stieber, meine Mutter, hat sich besonders um dieses Buch verdient gemacht. Sie hat die Aufnahmen von fast 30 Stunden Interviews mit Roland Mack und vielen anderen abgehört und in Schriftform gebracht. Ohne diese Arbeit wären viele Details verloren gegangen. Sie war auch die erste kritischen Leserin des Manuskripts.

Mein Dank in Liebe geht an meine Frau Birgit Häberle und unseren Sohn Frederic für ihre tatkräftige Unterstützung bei den Recherchen im Europa-Park. Und ich danke für die Geduld und Unterstützung, die so ein Projekt vor allem während vieler Stunden am Schreibtisch von der Familie verlangt.